# 새들의 밥상

# 새들의 밥상

뒷산 새 먹이 관찰 도감

이우만 글 그림

보리

**머리말**

    뒷산에서 새들을 관찰한 지 여덟 해쯤 되었습니다. 처음엔 어떤 새들이 뒷산을 찾아오는지 알아 가는 게 재미있었지요. 그렇게 같은 곳에서 오랜 시간 새들을 관찰하다 보니 자연스레 새들이 먹는 먹이에 관심이 생겼습니다. 왜냐하면 새들의 행동이 대부분 먹이와 연관되어 있었거든요. 어떤 새가 어떤 먹이를 좋아하는지 알게 되니, 만나고 싶은 새들을 좀 더 쉽게 만날 수 있었습니다.

    층층나무 열매가 익을 때쯤 나무 가까이서 기다리면, 열매를 먹으러 온 쇠솔딱새나 흰눈썹황금새, 큰유리새, 되지빠귀를 만날 수 있었어요. 병들어 버섯이 자라고 껍질이 뜯긴 나무 아래서 기다리면, '투닥 투다닥' 나무를 쪼아 대는 딱다구리들을 만날 수 있었지요. 또 비가 한참 내리지 않을 때 작은 물웅덩이 가까이서 기다리면, 물을 마시러 온 작은 새들을 만날 수 있었습니다.

    처음에는 어떤 새가 어떤 먹이를 먹는지 알아 가는 게 재미있었어요. 많은 새들이 공통으로 좋아하는 먹이도 있었고 특정한 새만 좋아하는 먹이도 있었지요. 그런데 오래 관찰할수록 먹는 먹이에 따라 부리 모양이나 몸의 특징이 다르기도 하고, 같은 먹이라도 저마다 지닌 생김새나 생태적 특성에 따라 다른 방법으로 먹는다는 점을 알게 되었습니다.

그렇게 여러 가지 방법으로 다양한 먹이를 먹는 까닭이 한정된 먹이 터 안에서 좀 더 조화롭게 살아가기 위해서인 것 같다는 생각이 들었어요. 나름의 방식으로 어울려 살아가는 것이 결국 저마다 생존하는 데에도 도움이 된다는 것을, 새들은 이미 오랜 시간 동안 경험을 통해 알고 있는 것 같았습니다.

이 책은 '어떤 새가 어떤 먹이를 먹더라' 하는 생태적 지식만을 알려 줄 목적으로 만들지 않았어요. 그보다는 '어떤 새가 어떤 먹이를 어떻게, 왜 그렇게 먹는지'에 더 관심이 머물러 있습니다.

내가 새를 주로 관찰한 곳은 도시에 있는 작은 산이라 먹이 식물이 한정되어 있고 백 종 남짓 새들이 찾아옵니다. 수가 적은 것은 아니지만 바다나 하천이나 들판에서 사는 새들의 먹이는 전혀 다루지 못했지요. 그나마 제가 관찰한 내용을 다 담지 못했으니 아쉽기도 합니다. 가까운 뒷산에서 만난 새들과 먹이에 관한 이야기를 시작으로 언젠가는 들과 하천과 바다와 갯벌에서 살아가는 새들의 먹이에 대한 이야기 도감도 만들고 싶다는 꿈을 꿔 봅니다.

여러 아쉬움이 있는데도 애써 관찰한 내용을 기록하고 정리해서 책으로 만들어 세상에 내놓는 까닭은 두 가지입니다.

첫 번째는 내가 본 새들에 대한 흥미로운 이야기들을 더 많은 사람에게 빨리 들려주고 싶어서이고, 두 번째는 이 책이 맺음이 아니라 시작이 되었으면 하는 바람 때문입니다.

이 책을 보고 더 많은 사람들이 우리 가까이서 살아가는 새들과 새들이 살아가는 공간, 그리고 그 안에서 함께 살고 있는 풀과 벌레와 나무와 열매들에 더 많은 관심을 갖게 되길 바랍니다. 그런 관심이 커질 때 새들이 살아가는 데 꼭 필요한 터전을 지킬 수 있고, 우리는 계속 새들을 바라보며 행복해할 수 있을 테니까요.

2019년 9월 이우만

## 일러두기

### 구성

- 이 책은 2011년부터 2018년까지 서울 강서구에 있는 봉제산에서 만난 새 49종과 새가 먹는 먹이에 대해 관찰한 내용을 담았습니다.

- 이름과 분류
  - 새 이름은 한국조류학회의 한국조류목록(2009)을 따라 표기했으며, 나무, 풀, 곤충의 이름은 국립국어원 〈표준국어대사전〉을 따랐습니다. 그러나 비행깃, 큰날개덮깃, 눈테, 정지비행처럼 본문에 나오는 새 관련 전문 용어는 예외로 했습니다.
  - 책 마지막에 있는 '뒷산에서 만난 새들'에 나온 새의 목과명과 차례는 한국조류학회의 한국조류목록(2009)에 기초하여 표기했습니다. 또한, 2009년 이후 수정되었거나 새롭게 알려진 사실에 대해서는 국립생물자원관 〈한반도의 생물다양성〉과 《한국의 새》(이우신, LG상록재단, 2014)를 참고해 표기했습니다.

- 새의 이동성 분류
  텃새, 여름 철새, 겨울 철새, 나그네새와 같은 새의 이동성 구분은 관찰지인 우리 나라 서울 뒷산을 기준으로 표기했습니다.

  '텃새'는 철이 바뀌는 데 따라 이동하지 않고, 한 해 내내 일정한 곳에서 관찰되는 종입니다.
  '여름 철새'는 봄에 동남아시아 같은 남쪽 지역에서부터 우리 나라로 찾아와 여름에 번식하고 가을이면 다시 남쪽 지역으로 이동하는 종입니다.
  '겨울 철새'는 봄여름에는 시베리아 같은 북쪽 지역에서 번식하다가 가을에 우리 나라를 찾아와 겨울나고, 봄이 되면 다시 북쪽 지역으로 이동하는 종입니다.
  '나그네새'는 우리 나라보다 위쪽 지역에서 번식하고 아래쪽 지역에서 겨울나는 새로, 봄가을 이동 시기에 우리 나라에서 잠깐 볼 수 있는 종입니다.

- 책 본문은 크게 3부로 나눕니다. 1부 '새들에게 꼭 필요한 세 가지'에서는 새가 살아가는 데 필요한 깃털, 둥지, 먹이를 개괄적으로 담아내어 새의 보편적 특성을 이해하는 데 도움을 주고자 했습니다. 2부 '새들의 먹이'는 봄, 여름, 가을, 겨울 사철의 흐름에 따라 관찰한 뒷산 새들의 생태와 다양한 먹이를 담았습니다. 3부 '뒷산에서 만난 새들'에서는 본문에 나오는 새들 저마다의 특징과 생태를 관찰자 관점에서 정리해 담았습니다.

- '쓰임말 풀이'는 본문에 나오는 용어들을 풀이한 것이며, 새 관련 쓰임 말은 본문에 나오는 새들에 한정해서 풀이했습니다.

### 쓰임 말 풀이

- **깃갈이**  오래된 깃털이 빠지고 새로운 깃털이 나는 것.
- **깃축**  깃털을 지지하는 축.
- **눈테**  새 눈 둘레를 싸고 있는 테두리.
- **드러밍**(drummimg)  딱따구리과 새들이 짝을 찾거나 자기 영역을 알리기 위해 부리로 나무를 빠른 속도로 세차게 두드리는 일.
- **미성숙새**  첫 깃갈이 뒤, 어미새가 되기 바로 전까지 시기의 새. 암수가 구분되지 않는 경우가 많다.
- **새끼**  알에서 깨어난 뒤 둥지를 떠나기 전까지의 개체로, 아직 날 수 없는 어린 새를 일컫는다.
- **수분**  종자식물에서 수술의 꽃가루가 암술머리에 옮아 붙는 일.
- **숙주**  탁란한 새의 새끼를 기르는 어미새.
- **번식지**  둥지를 틀고 새끼를 기르는 곳.
- **비둘기 젖**(pigeon milk)  갓 부화한 새끼한테 먹이는 분비액. 새끼를 기르는 기간 동안, 비둘기 암컷과 수컷 모두의 모이주머니에서 만들어진다.
- **아종**  별개의 종으로 독립할 만큼은 아니지만 생김새와 번식지가 다른 새들의 무리를 이르는 말.
- **안갖춘탈바꿈**  알로부터 시작해 성충이 되기까지 번데기 시기를 거치지 않고 유충이 곧 성충이 되는 탈바꿈. 불완전탈바꿈, 또는 불완전변태와 같은 말.
- **약충**  번데기가 되지 않는 안갖춘탈바꿈을 하는 곤충의 애벌레. 메뚜기나 노린재들이 있다.
- **어린새**  깃털이 완전히 자라서 어미새로부터 독립한 뒤부터 첫 깃갈이를 하기까지의 새.
- **어미새**  번식 능력이 있으며, 깃털 색에 큰 변화가 없는 시기의 새. 암컷과 수컷 모두를 아울러 이른다.
- **장식깃**  번식기에 나타나는 화려한 깃털. 번식이 끝나면 사라진다.
- **정지비행**  새가 한자리에서 날갯짓만 되풀이하며 공중에 떠 있는 것.
- **탁란**  어떤 새가 다른 새의 둥지에 알을 낳아 대신 품어 기르도록 하는 일.

### 새 부분 이름말

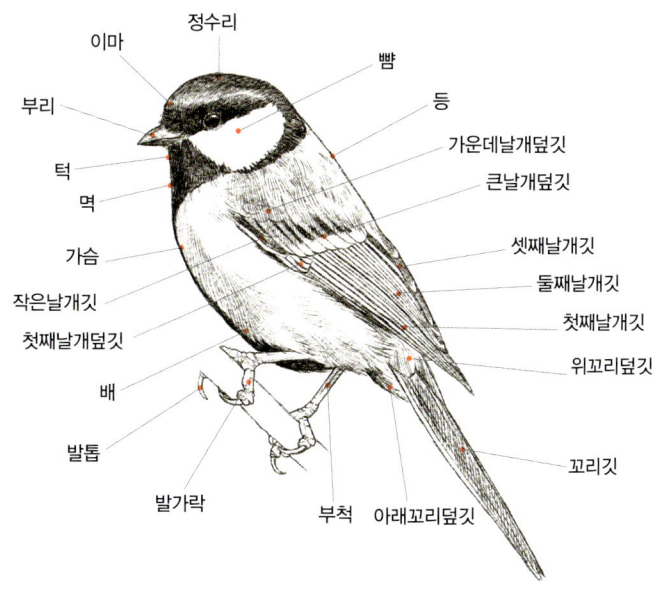

차례

머리말    4

일러두기    6

새들에게 꼭 필요한 세 가지    10

## 봄철 새들의 먹이

새로 돋아나는 꽃과 새순    18

지친 새들에게 휴식이 되어 주는 섬    26

숲속 지빠귀들의 먹이 찾기    32

나무속 벌레들을 찾는 딱다구리들    38

## 여름철 새들의 먹이

새들에게 가장 소중한 먹이, 벌레    48

맴맴 매미를 만났어요    62

숲이 낸 문제를 맞혀 봐요    74

새들이 좋아하는 층층나무 열매    80

## 가을철 새들의 먹이

새들이 좋아하는 외래 식물　90
노린재나무 열매는 누가 먹을까요?　96
자연과 사람을 이어 주는 감나무　102
빨간 열매는 새들에게 주는 선물　108
환삼덩굴 씨앗을 물고 날아간 쇠박새　118

## 겨울철 새들의 먹이

먹이를 저장하는 새들　126
어치와 도토리　130
겨울철 새들의 소중한 먹이, 들풀　134
낙엽 속 보물찾기　146
새들에게 소중한 물　156

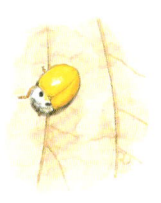

**뒷산에서 만난 새들　162**
**새 이름 가나다로 찾아보기　186**
**먹이 이름 가나다로 찾아보기　187**

# 새들에게 꼭 필요한 세 가지

사람들이 살아가기 위해 꼭 필요한 것이 세 가지 있어요.
바로 의(옷), 식(먹을 것), 주(집)예요.
새들에게도 마찬가지로 살아가는 데 꼭 필요한 것이 있지요.
바로 깃털, 먹이, 둥지입니다.

깃털은
새들이 좋아하는
둥지 재료이기도 해요.

둥지 재료로 쓸 깃털을
물고 있는 오목눈이

## 깃털

새가 다른 동물과 가장 다른 점은
바로 날개로 하늘을 난다는 거예요.
날개는 깃털로 이루어져 있어요.
물론 하늘을 나는 대신 바닷속을 헤엄치는
펭귄 같은 새도 깃털을 가지고 있어요.
깃털은 날 때만 필요한 게 아니라, 체온을 일정하게 유지하거나 몸을 보호하는 역할도 해요.
새들이 태어나서 자라면, 어릴 적 갖고 있던 깃털이 빠지고 어른 깃털이 새로 나와요.
깃갈이를 하는 데는 보통 한 해쯤 걸리는데 몇 해씩 걸리는 새들도 있어요.
완전한 어른 깃털을 가진 다음에도 주기적으로 깃갈이를 합니다.
낡은 깃털이 빠지고 새 깃털이 돋아나는 거지요.
번식기에는 화려한 색의 번식깃이나 장식깃이 나기도 해요.
그래서 새들 가운데 깃털 모양이나 깃털 색의 차이로 암수를 구분할 수 있는 새도 있습니다.

수컷의 머리깃

깃축

오색딱다구리

비행깃

꼬리깃

솔부엉이의
비행깃

비행깃은 깃축이
머리 쪽으로 치우쳐 있어
바람이 강하게 불어도
깃털이 뒤집히지 않도록 해 줘요.

꼬리깃은 나무에 대고
몸을 받쳐야 해서
깃대가 아주 단단해요.
꼬리깃은 깃축이
비교적 가운데 있어요.

올빼미과 새들의 비행깃은
끝이 갈라져 있어서 날 때 내는
비행 소음을 줄여 줘요.
그래서 조용한 밤에도
소리 없이 사냥할 수 있지요.

어린 어치의
덜 자란 깃털

깃털이 자라는 과정

어치의
큰날개덮깃

숲에서 깃털 하나를 주웠어요.
그런데 다른 깃털과 좀 달라 보여요.
올해 태어난 어치의 덜 자란 깃털이네요.

어치의 큰날개덮깃처럼
밖으로 보이는 부분은
색이 화려한데, 겹쳐지는 부분은
단순하고 어두운 경우가 많아요.
그 까닭이 무엇일지 궁금해요.

# 둥지

새들은 보통 번식하기 위해 둥지를 만들어요. 둥지는 알을 낳고 새끼들을 키우기 위해 일정한 시기에 주로 사용해요. 하지만 어떤 새들은 잠잘 때 쓰기도 하지요.
둥지는 번식하는 곳 가까이서 구할 수 있는 여러 재료를 써서 새끼들을 안전하게 키우기에 가장 적합한 모양으로 만들어요. 제비는 진흙을 물어 처마나 벽에 붙여 둥지를 만들고, 오목눈이는 이끼와 깃털을 거미줄로 이어 붙여 만들지요. 이렇게 정성껏 둥지를 만드는 새가 있는가 하면, 멧비둘기처럼 나뭇가지를 대충 얽어서 둥지를 만드는 새도 있어요.
높은 나무 꼭대기에 나뭇가지를 엮어 정성스럽게 만든 까치 둥지나 나무에 구멍을 뚫어 만든 튼튼한 딱다구리 둥지는 한 번 쓰고 난 다음 다시 고쳐서 쓰거나, 다른 새들이 빌려 쓰기도 해요. 딱새는 사람이 사는 집 둘레 엉뚱한 곳에 둥지를 만들기도 하고요.
자연 다큐멘터리에서 은사시나무에 만든 까막딱다구리 둥지를 원앙이나 파랑새, 소쩍새, 동고비가 서로 차지하려고 다투는 걸 본 적이 있어요. 그만큼 둥지는 새끼를 잘 키우기 위해 아주 중요해요.

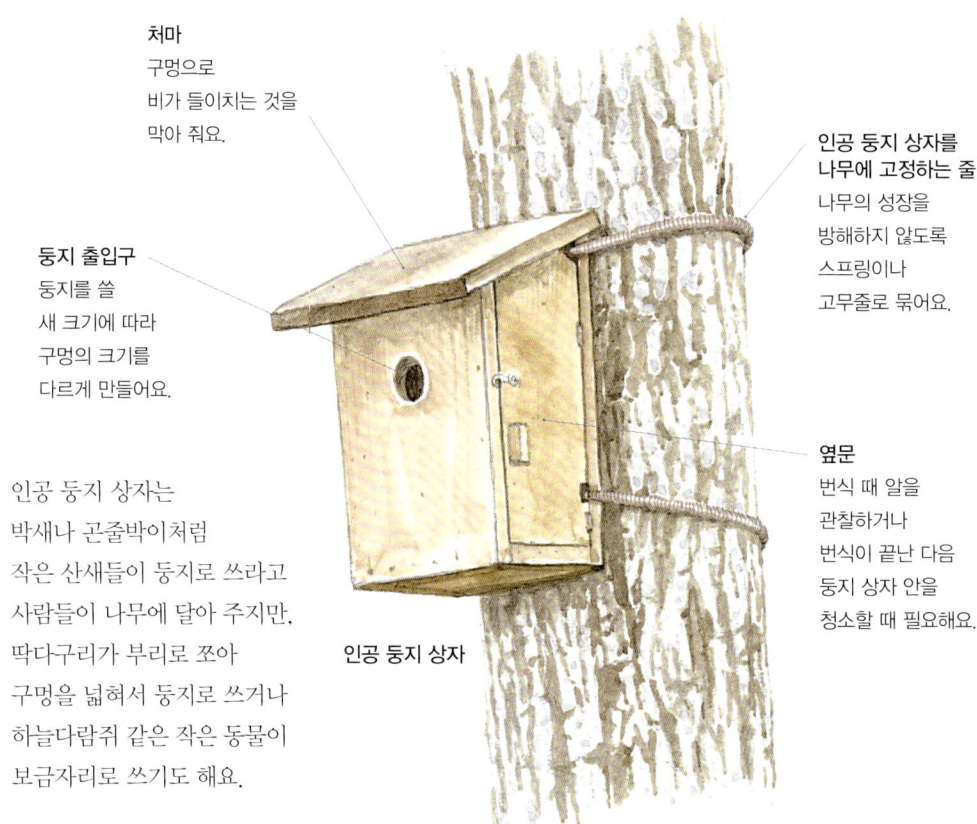

**처마**
구멍으로 비가 들이치는 것을 막아 줘요.

**둥지 출입구**
둥지를 쓸 새 크기에 따라 구멍의 크기를 다르게 만들어요.

**인공 둥지 상자를 나무에 고정하는 줄**
나무의 성장을 방해하지 않도록 스프링이나 고무줄로 묶어요.

**옆문**
번식 때 알을 관찰하거나 번식이 끝난 다음 둥지 상자 안을 청소할 때 필요해요.

인공 둥지 상자는 박새나 곤줄박이처럼 작은 산새들이 둥지로 쓰라고 사람들이 나무에 달아 주지만, 딱다구리가 부리로 쪼아 구멍을 넓혀서 둥지로 쓰거나 하늘다람쥐 같은 작은 동물이 보금자리로 쓰기도 해요.

**인공 둥지 상자**

**은사시나무에
만든 동고비 둥지**

동고비는 지난해 딱다구리가
썼던 둥지에 진흙을 발라
구멍 입구를 좁혀서
둥지로 써요.

**뱁새 둥지**

**철쭉 사이에 만든 오목눈이 둥지**

뱁새는 관목이나 덤불, 갈대에
나무껍질이나 풀을 엮어
밥그릇 모양의 둥지를 만들어요.
뻐꾸기는 뱁새 둥지에 몰래 알을 낳고
새끼를 대신 기르게 하기도 해요.

오목눈이는 둥지를 감춰 줄 나뭇잎들이 아직
나오지 않은 이른 시기에 번식하기 때문에
둥지를 가려 줄 잎이 있는 침엽수나
나무 줄기가 빽빽한 관목 사이에
이끼와 깃털을 거미줄로 엮어
입구가 좁은 둥지를 만들어요.

새들에게 꼭 필요한 세 가지  13

## 먹이

"모든 야생동물의 삶은 먹이를
중심으로 돌아갑니다."
내가 감명 깊게 읽은 책 《문버드》에서
새를 연구하는 클라이브 민턴 박사가
한 말입니다.
붉은가슴도요는 봄에는 새끼를 키울
충분한 먹이가 있는 북극권으로 이동했다가
추운 겨울이 되면 다시 먹이를 찾아
남극권으로 날아가는 힘든 여행을 해요.
평생 지구에서 달까지 거리보다
더 먼 거리를 이동해 '문버드'라는 별명을 얻은
붉은가슴도요가 한 해에 2만9천 킬로미터를
날아가는 까닭이 바로 먹이 때문입니다.
그러고 보니 서울 도심 속 주택가에서 향나무 열매를
먹기 위해 찾아온 수백 마리의 황여새, 홍여새 무리를
만났던 것도, 그 집이 헐리고 향나무가 사라지자 더 이상
황여새, 홍여새들을 볼 수 없었던 것도
모두 '먹이' 때문이었어요.

붉은가슴도요의 이동 경로

붉은가슴도요(B95, 문버드)

**먹이 따라 다른 부리 모양**

사람들이 먹는 음식에 따라 숟가락이나 젓가락, 포크 같은 도구를
다르게 쓰는 것처럼 새들도 주로 먹는 먹이에 따라 부리 모양이 달라요.
또, 같은 먹이를 먹더라도 저마다 가진 부리 모양에 따라 방법을 달리하기도 해요.
새들이 먹는 먹이와 행동을 잘 관찰하다 보면 그 차이를 알 수 있어요.

어치

보통 새들의 부리는 족집게처럼 끝으로 갈수록
뾰족해져서, 무언가를 집기에 좋아요.
작은 벌레를 잡거나 열매를 따 먹기 알맞지요.
사람이 포크와 나이프를 함께 쓰듯,
부리와 발을 같이 쓰기도 해요.

콩새

단단한 껍질을 까 먹는
콩새 같은 되새과 새들은
부리가 두툼하고
옆이 날카로워요.

솔잣새

되새과 가운데 솔방울을 벌려서
씨앗을 꺼내 먹어야 하는
솔잣새의 부리는 윗부리와 아랫부리가
서로 어긋나 있는 특이한 모양이에요.

때까치

나무발발이

큰오색딱다구리

먹이를 찢어 먹는
때까치는 부리 끝이
날카롭게 휘어져 있어요.

좁은 틈새에 숨은
작은 벌레를 잡아야 하는
나무발발이는
부리가 얇고 길어요.

단단한 나무에 구멍을 뚫어야 하는
딱다구리과 새들의 부리는
아주 단단하고, 충격을 흡수할 수
있는 장치까지 있어요.

# 봄철 새들의 먹이

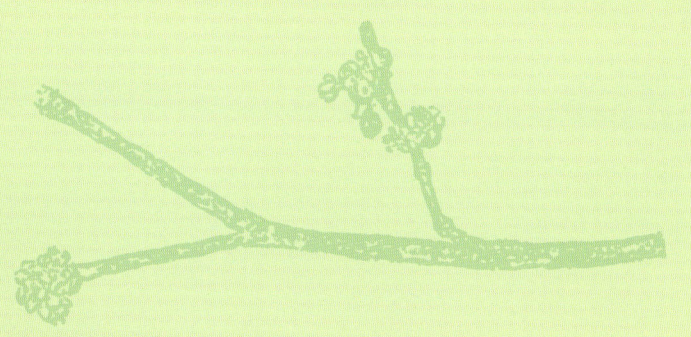

# 새로 돋아나는 꽃과 새순

이른 봄, 숲속에서 가만히 귀 기울이면 뽁 뽁 뽁 나뭇가지에 새순이 돋는 소리,
퐁 퐁 퐁 꽃망울이 터지는 소리가 들려요.
이맘때쯤 뒷산의 새들은 무얼 먹고 살까요?

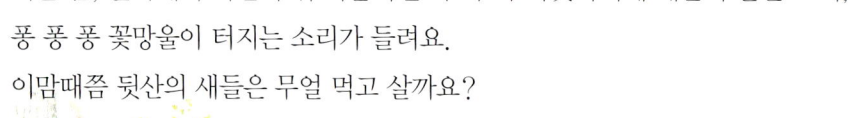

## 꽃을 좋아하는 직박구리

겨우내 먹던 열매도 다 떨어지고
맛있는 벌레들은 아직 많지 않지만,
아무거나 잘 먹는 직박구리는 걱정이 없어 보여요.

직박구리가
꽃이 활짝 핀 산벚나무 가지에
날아와 앉더니, 까만 부리를 살짝 벌리고
혀를 할짝거리며
꽃의 꿀을 빨아 먹어요.

산벚나무

직박구리

봄철 새들의 먹이　19

직박구리는 꽃의 꿀을 빨아 먹기도 하지만,
아예 꽃잎을 다 먹기도 해요.
어느 이른 봄에는 분홍 진달래와
노란 개나리, 하얀 귀룽나무 꽃을
통째로 삼키는 걸 봤어요.
꽃잎이 큰 백목련은 부리로
조금씩 뜯어 먹었어요.

**백목련**

직박구리가 수술이 함께
딸려 나온 진달래 꽃잎을
쌈 싸 먹듯 통째로
삼키고 있어요.

진달래꽃은 꽃잎이
하나로 이어져 있는 통꽃이에요.
그래서 수정이 끝난 꽃은
살짝만 당겨도 통째로 톡 떨어져요.
꽃잎에 꿀샘이 있으니 더 맛있겠지요?

**진달래 꽃잎**

진달래 꽃잎이
움푹 들어간 곳에
꿀이 모여 있어요.

진달래 꽃잎에 있는 얼룩무늬를
'허니 가이드'라고 해요.
꽃은 수분을 도와줄 곤충들에게
허니 가이드로 꿀이 있는 곳을 알려 줘요.

직박구리가 생강나무 가지에
앉아 노란 꽃을 먹고 있어요.
봄이 오면 갈색 꽃눈이
벌어지고 그 안에
노란 꽃송이 대여섯 개가 보여요.
노랗고 동글동글한 게
마치 버터 바른 팝콘같이 생겼어요.

생강나무는 암꽃과 수꽃이
서로 다른 나무에 피는
암수딴그루 나무예요.

생강나무

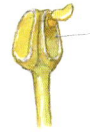

**수술머리**
양쪽에 꽃밥이 들어 있는 방이 두 곳 있어요.
때가 되면 껍질이 벌어지면서 꽃밥이 나와요.

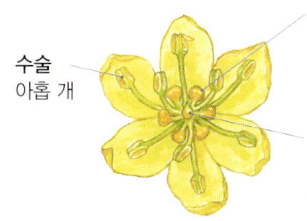

**헛 암술** (가짜 암술)
한 개

**수술**
아홉 개

**밀샘** (꿀샘) 여섯 개
달콤한 꿀이
벌레를 유인해요.

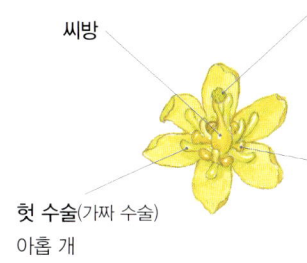

**암술머리**
암술머리에
꽃가루가 묻으면
수정돼요.

**씨방**

**헛 수술** (가짜 수술)
아홉 개

**밀샘** (꿀샘)
수꽃처럼
여섯 개 있어요.

생강나무 수꽃은
지름이 약 7밀리미터 정도로,
수술이 길어서 풍성해 보여요.

생강나무 암꽃은
지름이 약 5밀리미터 정도로
수꽃에 견주어 크기가 작아요.

봄철 새들의 먹이

## 새순을 찾는 새들

직박구리가 지난가을 빨간 열매를 맛있게 먹었던 보리수나무에서
막 돋아난 새순을 먹고 있어요. 새순을 하나 따더니 부리로 휙 던져서 척 받아 먹어요.
가을에 작살나무 열매를 먹을 때도 그러더니, 던져서 받아 먹으면 더 맛있는 걸까요?
새순을 저렇게 다 먹어 버리면 보리수가 괜찮을까 걱정이 돼요.

직박구리

보리수나무

뱁새

고욤나무

고욤나무에
뱁새가 날아오더니
새순을 따 먹어요.
뱁새는 보통 낮은 덤불로 다니는데,
이렇게 높은 고욤나무까지
날아온 걸 보니
고욤나무 새순이 꽤 맛있나 봐요.

뱁새 옆으로 쇠박새가 날아왔어요.
쇠박새도 부리로
고욤나무 새순을 똑 따길래
맛있게 먹을 줄 알았더니
그걸 미련 없이 버리는 거예요.
그러고는 남은 새순에서
다시 무언가를 찾아요.

쇠박새

고욤나무

쇠박새 부리 안쪽에
조그맣고 하얀 게 보여요.
쇠박새가 고욤나무 새순 속에 숨어 있던
작은 애벌레를 찾았어요.
그럼 혹시 뱁새도
애벌레를 찾고 있었던 걸까요?

## 꽃을 찾는 새들

새를 만나러 갔던 제주도에서 빨간 동백꽃을 보았어요.
동백꽃은 겨울에 꽃이 피기 때문에 꽃가루를 옮겨 줄 곤충들이 없어요.
대신 동박새가 동백꽃에 있는 꿀을 얻어먹고 꽃가루를 옮겨 줍니다.
이렇게 새가 꽃가루를 옮겨 꽃가루받이하는 꽃을 조매화라고 해요.

동백꽃

동박새

동박새가 동백꽃에 머리를 파묻고
꿀을 빨고 있어요.
동박새가 머리를 드니,
부리와 얼굴에 노란 꽃가루가 잔뜩 묻어 있어요.
노란 분으로 화장한 것처럼 아주 예쁘네요.

굵은 부리로 왕벚꽃을
똑 따 먹는
밀화부리 수컷도 만났어요.
얼굴이 까매서
꼭 검은 두건을 눌러쓴 것 같아요.
그런데 밀화부리는 꽃이 아니라,
나중에 열매가 될 씨방을 먹고 있어요.

밀화부리 수컷

왕벚꽃

밀화부리가 부리를 살살 움직여요.
꼭 사과 껍질을 깎는 것처럼
왕벚꽃 씨방 껍질이
부리 밖으로 돌돌 깎여 나와요.

열매가 맺힐 씨방을 다 먹어 버리면
나무는 괜찮을까요?
그렇다고 배고픈 새에게
무조건 먹지 말라고 할 수도 없고요.
아무래도 나무를 더 심는 방법밖에 없겠어요.

봄철 새들의 먹이

# 지친 새들에게 휴식이 되어 주는 섬

봄이면 서해 바다 먼 섬으로 새들을 보러 가곤 해요.
몇 해 전에는 전북 군산에 있는 어청도라는 섬에 갔어요.
새를 보기 시작하고 나서 처음 갔던 섬이지요.
시간이 꽤 흐른 뒤 다시 찾은 섬에는 소나무재선충이 번져서
소나무가 다 사라지고, 대신 사방오리나무가 많이 있었어요.
동네 뒷산에서 본 물오리나무와 잎 모양은 다른데 열매는 많이 닮았어요.

사방오리나무 열매

송악 열매

## 낯선 섬에서 만난 낯익은 새

이리저리 둘러보며 새를 찾는데 저 멀리 바다에서 무리를 이룬 새들이
섬으로 날아왔어요. 새 무리는 점점 가까워지더니
바로 내 옆에 있는 사방오리나무로 우루루 날아들었어요.
그러고는 지난가을 열렸던 열매에서 허겁지겁 씨앗을 빼 먹기 시작했어요.
부리로 씨앗을 와삭와삭 씹는 소리가 들릴 만큼 가까이서 말이에요.
바다를 건너오는 동안 배가 무척 고팠나 봅니다.
육지에서 멀리 떨어진 섬에서 만났지만, 노란 깃털을 가진 새들이
사방오리나무 열매에서 씨앗을 빼 먹는 장면은 별로 낯설지 않았어요.
씨앗을 먹던 새들은 바로 검은머리방울새였습니다.

## 뒷산에서 만난 검은머리방울새

검은머리방울새는 동네 뒷산에서도 볼 수 있어요. 가을에 뒷산을 찾아와 겨울을 나고, 봄에 다시 고향으로 떠나지요. 뒷산에는 물오리나무가 아주 많아요.
물오리나무는 섬에서 본 사방오리나무와 같은 자작나뭇과 나무입니다.

검은머리방울새들이 열매를 하나씩 잡고 뾰족한 부리로 씨앗을 빼 먹고 있어요.
거꾸로 매달리기도 하고 똑바로 서서 고개만 휙 꺾어 씨앗을 빼 먹다가
어느 정도 먹었다 싶으면 다른 가지로 날아가서 또 정신없이 씨앗을 먹어요.

## 물오리나무 씨앗을 먹는 여러 가지 방법

검은머리방울새만 물오리나무 씨앗을 좋아하는 건 아니에요.
소나무 열매의 씨앗을 잘 빼 먹는 진박새나 쇠박새도 물오리나무 씨앗을 좋아해요.
하지만 같은 씨앗이라도 먹는 방법은 좀 달라요.

물오리나무 씨앗
크기가 3~4밀리미터쯤으로 작고 납작해요.

검은머리방울새

쇠박새

검은머리방울새는 뾰족한 부리 끝으로
씨앗을 꺼낸 다음, 날카로운 부리 옆면으로
씨앗 껍질을 벗겨 먹어요.
껍질을 벗겨 내는 동안, 땅에 떨어지는 씨앗도 많아요.

쇠박새는 부리로 씨앗 하나를 꼭 집어
빼낸 다음 가까운 나뭇가지로 가요.
두 발로 씨앗을 잡고는 부리로 콕콕 쪼아 먹어요.

박새

부리가 두툼한 박새나 부리가 뭉툭한 뱁새는 열매가 벌어진 틈새로 씨앗을 빼내기 어렵나 봐요.
그래서 물오리나무 밑에 떨어진 씨앗들을 주워 먹어요. 혹시 다른 새들 먹으라고
검은머리방울새가 일부러 씨앗을 흘리는 게 아닐까요?

## 뒷산 물오리나무에서 만난 새들

검은머리방울새 수컷은 이마와 머리에 짙은 검정 깃털이 나 있고 선명한 노란색을 띠어요. 암컷은 머리에 검은 깃털이 없고 노란색도 옅어요.

가을에 바싹 마른 가느다란 물오리나무 가지에
앉아 있을 정도이니 얼마나 가벼울까요?
열심히 먹다가 똥을 퐁 떨궜으니
몸이 더 가벼워졌을 거예요.

검은머리방울새
암컷

검은머리방울새가 씨앗을 먹다가도
중간중간 고개를 들고 경계해요.
이렇게 몸집이 작은 새들은 먹이를 먹을 때
더 예민하게 주위를 살펴요.

검은머리방울새
수컷

검은머리방울새 무리 사이에
좀 다르게 생긴 새가 보여요.
엄청 보기 힘든 홍방울새예요.
검은머리방울새와 달리 앞이마에
빨간 깃털이 있어요.

홍방울새

정신없이 씨앗을 먹던
검은머리방울새들이
한꺼번에 날아올랐어요.
뒤이어 나뭇가지 사이에서
새매 한 마리가 공중으로 날아오르네요.
검은머리방울새가 보통 때 예민하게
주위를 살피는 까닭이 있던 거예요.

까치

새매

조금 있으니까 까치들이 나타나서 하늘로 날아오른 새매를 쫓아요.
싸우면 새매가 이길 수도 있지만, 그러다 다치기라도 하면 더 이상 사냥을 못해서
죽을 수도 있어요. 그래서인지 새매는 괜한 싸움을 피해 달아나요.
검은머리방울새들이 까치 덕분에 위기에서 벗어났어요.

봄철 새들의 먹이   31

# 숲속 지빠귀들의 먹이 찾기

마을 뒷산에는 온갖 지빠귀들이 찾아와요.
가을에 와서 겨울을 나는 노랑지빠귀와 개똥지빠귀,
봄가을에 잠깐 들렀다 가는 붉은배지빠귀, 흰눈썹붉은배지빠귀, 흰눈썹지빠귀,
봄에 와서 여름을 나는 흰배지빠귀, 되지빠귀, 호랑지빠귀가 있지요.
봄에 오는 지빠귀들은 숲에서 가랑잎을 뒤져
작은 곤충과 지렁이들을 찾아 먹어요.

노랫소리가 아름다운
되지빠귀 수컷이
호미질하듯 가랑잎 속에
부리를 콕콕 찔러 가며
먹이를 찾고 있어요.

되지빠귀 수컷

흰배지빠귀가 찾은 먹이를
휙 던져서 먹고 있어요.

흰배지빠귀(어린새)

흰눈썹지빠귀 수컷의 눈썹은
아주 하얗고 굵어요.
흰 눈썹이 없었다면
까마귀인 줄 알았을 거예요.

흰눈썹지빠귀 수컷

호랑지빠귀

봄철 새들의 먹이 33

## 지렁이를 좋아하는 호랑지빠귀

호랑지빠귀는 지렁이를 무척 좋아해요. 그런데 땅속에 있는 지렁이를 어떻게 잡을까요?
보통은 가랑잎으로 덮인 숲 바닥을 긴 발로 살살 굴러 지렁이가 움직이면 냉큼 낚아채요.
비가 오랫동안 내리지 않아 바짝 가문 어느 날이었어요.
호랑지빠귀가 꼬리깃을 부채처럼 펼치더니 가랑잎을 탁 탁 쳤어요.
그러니까 '투둑 투둑' 하는 소리가 났는데, 그게 꼭 빗방울이 떨어지는 소리 같았지요.
조금 있다가 가랑잎 속에서 지렁이를 잡았어요.
호랑지빠귀는 빗소리를 내면 지렁이들이 땅 밖으로 나온다는 걸 어떻게 알았을까요?

호랑지빠귀가 꼬리깃을 펼쳐서
탁 탁 두드려요.

**호랑지빠귀**

가랑잎 속에 집어넣었다 뺀 부리에
지렁이가 물려 있네요.

또 한번은 등산로를 걸어가는데 땅이 들썩거리는 걸 보았어요.
두더지가 땅 밑으로 지나가는 거였어요.
그런데 호랑지빠귀가 두더지가 가는 길을 따라 걸어오고 있었어요.
그러면서 갈라진 흙 틈으로 부리를 넣었다 뺐다 해요.
처음에는 왜 그러는지 몰랐지만, 잠시 지켜보니 무얼 하는지 알 수 있었어요.
땅속 두더지를 피해 땅 위로 도망 나온 지렁이들을 날름 잡아먹고 있었던 거예요.
지렁이를 잡는 호랑지빠귀의 꾀가 정말 대단하지요?

호랑지빠귀가
흙 틈 사이로
지렁이를 잡아먹어요.

## 호랑지빠귀의 새끼 기르기

봄이 깊어 가면, 지렁이를 한 무더기 물고 있는 호랑지빠귀를 쉽게 볼 수 있어요.
지렁이를 물고 날아가, 둥지에서 기다리는 새끼한테 주려는 거예요.
어미새는 새끼들에게 지렁이를 골고루 나눠 주고는, 새끼들이 다 먹을 때까지 기다려요.
잠시 뒤 새끼들이 하얀 젤리처럼 생긴 똥을 누고, 어미새는 그 똥을 먹어요.
둥지에다 똥을 누면 냄새가 나서 천적들이 둥지를 알아차릴 수도 있고,
벌레가 생겨 새끼들에게 안 좋을 수도 있기 때문이에요.
박새나 딱다구리는 새끼들 똥을 물고 먼 곳에 가져다 버리곤 하는데,
호랑지빠귀는 그걸 먹어 버려서 새끼들을 지켜요.
똥 속에 새끼가 미처 소화하지 못한 양분이 남아 있다고 하지만,
새끼 똥으로 배를 채우는 어미새가 안쓰러워요.
지렁이를 잡는 게 힘든 건지, 아니면 잘 못 먹어서인지 모르겠지만
어미 호랑지빠귀는 깃털도 헝클어져 있고
봄에 처음 봤을 때보다는 야위어 보여요.

호랑지빠귀가
새끼한테 줄 지렁이를 잔뜩 잡아
부리에 물고 있어요.

무더운 여름, 숲에서 호랑지빠귀 새끼를 봤어요.
깃털이 다 자라지 않아 조금 어설퍼 보이고 꼬리도 짧지만,
덩치는 제법 어미와 비슷해 보였어요.
아마도 봄부터 여름까지 어미가 잡아다 먹인
통통한 지렁이 덕분일 거예요.

어미 호랑지빠귀가
새끼에게 다가가 지렁이를 먹이고 있어요.
새끼는 '뷔익 뷔익' 하며
계속 먹이를 달라고 보채요.

땅에 떨어진 나뭇잎과 죽은 곤충들은 미생물이 분해해서 흙이 돼요.
흙 속 양분을 먹으며 지렁이가 자라고,
지렁이는 호랑지빠귀 새끼를 살리는 먹이가 되지요.
그러니 온 숲이 호랑지빠귀 새끼를 키웠다고 해도 지나친 말이 아니에요.
옛말 가운데 '아이 하나를 키우는 데 마을 전체가 필요하다'는 말이 있는데
이제야 그 말이 무슨 뜻인지 알겠어요.

어미와 비슷한 덩치로 자라난
어린 호랑지빠귀예요.

봄철 새들의 먹이

# 나무속 벌레들을 찾는 딱다구리들

'따닥 따닥 따다닥 뚜닥 뚜닥 뚜닥.
툭툭 탁탁탁 투닥 투닥'.
딱다구리들이 둥지로 쓸 구멍을 파느라
봄 숲이 소란스러워요.
둥지가 다 만들어져서 이제 좀 조용해지나
싶더니, 새끼들에게 줄 먹이를 찾느라
바쁜 어미 딱다구리들 때문에
숲이 다시 소란스러워졌네요.
나무 구멍 속에 숨은 애벌레도,
나뭇잎 뒤에 숨죽이고 있는 노린재도,
나무껍질 틈에 가만히 있는 거미도,
나뭇잎에 떨어진 새똥인 척하는 나방도,
딱다구리들은 귀신같이 찾아내요.

**쇠딱다구리**

어미새가 먹이를
잔뜩 물고 오니
배고픈 쇠딱다구리 새끼가
둥지 밖으로 고개를 쭉 빼고
빨리 달라며 난리예요.

## 쇠딱다구리의 새끼 기르기

어미 쇠딱다구리가
애벌레 두 마리를 잡아 왔어요.
어미는 고개를 살짝 틀어서 새끼가 먹이를
잘 받아먹을 수 있게 도와줘요.

가느다란 나뭇가지에
도대체 뭐가 있는 걸까요?
쇠딱다구리가 구멍을 뚫고 부리를 집어넣고는
이리저리 돌려 가며 먹이를 찾아요.
고개를 드니, 작은 부리에
벌레 알처럼 보이는 것들이
잔뜩 묻어 있네요.

쇠딱다구리가 나무 구멍 속에
혀를 집어넣어서
작은 애벌레를 잡아요.
뾰족한 혀끝으로
낚시하는 것 같아요.

봄철 새들의 먹이    39

## 오색딱다구리의 새끼 기르기

죽은 아까시나무 가까이서
어린 새들의 소리가 들렸어요.
알고 보니 아까시나무에 튼
오색딱다구리 둥지에서
새끼들이 밥 달라고 보채고 있었네요.
숲속에서 먹이를 찾은 어미새가
둥지 가까이 오면 나무 구멍 속에 있던
새끼는 구멍 입구까지
기어올라 먹이를 받아먹어요.
어미새는 어떤 먹이를 가져왔을까요?

오색딱다구리

노린재처럼 보이는 초록색 먹이를
가져와서 새끼에게 먹이고 있어요.
노린재 냄새가 고약하지는 않을까요?
다행히 새끼는 맛있게 받아먹어요.

오색딱다구리 수컷이 큼직한
딱정벌레 애벌레를 물고 둥지로 왔어요.
이 애벌레 한 마리면
받아먹은 새끼가 쑥 자랄 것 같아요.

오색딱다구리 수컷

오색딱다구리는 암컷과 수컷이 번갈아
엄청 많은 벌레를 잡아 와요.
그런데도 새끼들은 금세 먹어 버리고
또 달라고 보채요.
멋쟁이 오색딱다구리의 깃털이
여기저기 헝클어지고 삐져나온 게
고생이 이만저만이 아닌가 봐요.
그래도 하루가 다르게
무럭무럭 자라는 새끼를 보면
힘든 줄 모를 거예요.

나방과 각다귀 같은
날벌레들을
부리가 안 보일 만큼
잔뜩 물고 왔어요.

**오색딱다구리 암컷**

**청딱다구리 수컷**

청딱다구리도 나무 구멍에서
새끼를 키워요.
그런데 둥지로 날아온
어미새 부리에 아무것도 없네요.
배고픈 청딱다구리 새끼는 이대로
쫄쫄 굶어야 하는 걸까요?

새끼가 구멍 밖으로 얼굴을 내밀고
부리로 툭툭 어미새를 건드려요.
그러자 어미새가 하얗고 둥글게 보이는
무언가를 토해서 새끼한테 먹여요.

**청딱다구리 수컷**

## 청딱다구리의 새끼 기르기

청딱다구리는 먹이를 먹고 난 다음
둥지로 와서 도로 토해 내 새끼한테 먹여요.
그러면 한 번에 많은 먹이를 가져올 수 있어서
둥지를 자주 왔다 갔다 하지 않아도 되고,
천적에게 둥지를 들킬 위험도 적어지거든요.
소화액이 섞인 먹이는 새끼들이 먹기에도
좋다니 아주 괜찮은 방법 같아요.
딱다구리과 새들 가운데에는 청딱다구리와
까막딱다구리만 이런 방법을 쓴다고 해요.
나무에서 먹이를 찾는 것은 비슷하지만,
저마다 자기한테 맞는 여러 방법을 쓰니
한 숲에서 서로 어울려 살아가기에 더 좋겠지요?

## 먹이 잡기에 알맞은 딱다구리 혀

딱다구리 혀는 어떻게 생겼길래
나무 구멍 속에 있는
먹이를 잡을 수 있을까요?

청딱다구리가
긴 분홍빛 혀를 나무 구멍에
집어넣었다 빼고 있어요.
부리 속으로 들어가는 분홍빛 혀에
개미들이 붙어 있는 게 보여요.

**딱다구리 혀끝**

혀끝에 신경 말단이 모여 있고
날카로운 가시가 있어서,
나무 구멍 속 벌레들을 잘 찾을 수 있고
웬만해선 잡은 벌레를 놓치지 않아요.
혀에 묻은 *끈끈한* 액체도 벌레 사냥하는 데 도움이 돼요.

죽은 나무 구멍 속에서
먹이를 찾던 청딱다구리가
혀를 날름거려요.
긴 혀가 나왔다 들어갔다
하는 게 마치 채찍을
휘두르는 것 같아요.

봄철 새들의 먹이　43

## 나무속에 꽁꽁 숨어도 잘 찾아내요

청딱다구리가 개미를 좋아하지만 그렇다고 개미만 먹는 건 아니에요.
몇 해 전에는 겨울잠을 자던 뱀허물쌍살벌을 꺼내 먹는 걸 보았어요.
청딱다구리는 나무속에 꽁꽁 숨은 벌레를 잘도 찾아냅니다.

이른 봄에 만난 청딱다구리예요.
쓰러진 아까시나무 구멍으로 부리를 집어넣으려고
고개를 이리저리 틀면서 애쓰고 있어요.
그러다 마침내 부리로
무언가를 집어냈지요.
바로 고마로브집게벌레예요.

낚시꾼들이 뜰채로
물고기를 건져 내듯
혀로 잡은 고마로브집게벌레를
부리로 조심조심 꺼내고 있어요.

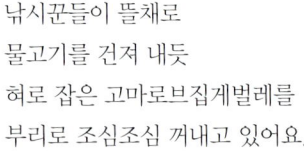

## 보이지 않는 끈으로 연결된 자연

숲에서 여기저기 구멍이 나 있는 죽은 나무를 보았어요.
마치 내가 딱다구리가 된 것처럼 나무껍질을 벗겨 내고 송송 뚫린 구멍 속을 파 보았지요.
세상에! 죽은 나무속에 이렇게 많은 벌레가 살고 있었다니.
마치 먹을 게 가득한 딱다구리 전용 냉장고 같았어요. 벌레들이 구멍을 내고
나무를 갉아 먹으며 지나간 흔적이 보이고, 좋은 흙냄새도 났어요.
죽은 나무는 벌레의 먹이가 되고, 딱다구리들은 그 벌레를 먹고 살아가고,
벌레와 균이 나무를 분해해서 흙으로 돌려주고, 그 흙에서 다시 나무가 자라고……. 
그렇게 자연 속 생명들이 보이지 않는 끈으로 이어져 있었어요.

나무속에서 본 벌레들은 거의 이름을 알 수 없었어요.
겨우 알아낸 게 무시바노린재예요.

아주 작은 애벌레가 제 몸만 한
구멍 속에서 꼬물꼬물 기어 나왔어요.

거저리류 애벌레로 보이는
녀석이 갑자기 환해진 게
싫은지 구멍 속으로
기어들어 갔어요.

크기가 아주 작은
적갈색 벌레가 보여요.
참나무를 괴롭힌다는
광릉긴나무좀을 닮았어요.

딱다구리가 리기다소나무 껍질을
벗겨 낸 곳에 애벌레가
지나간 흔적이 보여요.

나무껍질을 벗기자마자
나방 한 마리가 보였어요.
벌어진 나무껍질 틈에서 겨울을 났나 봐요.

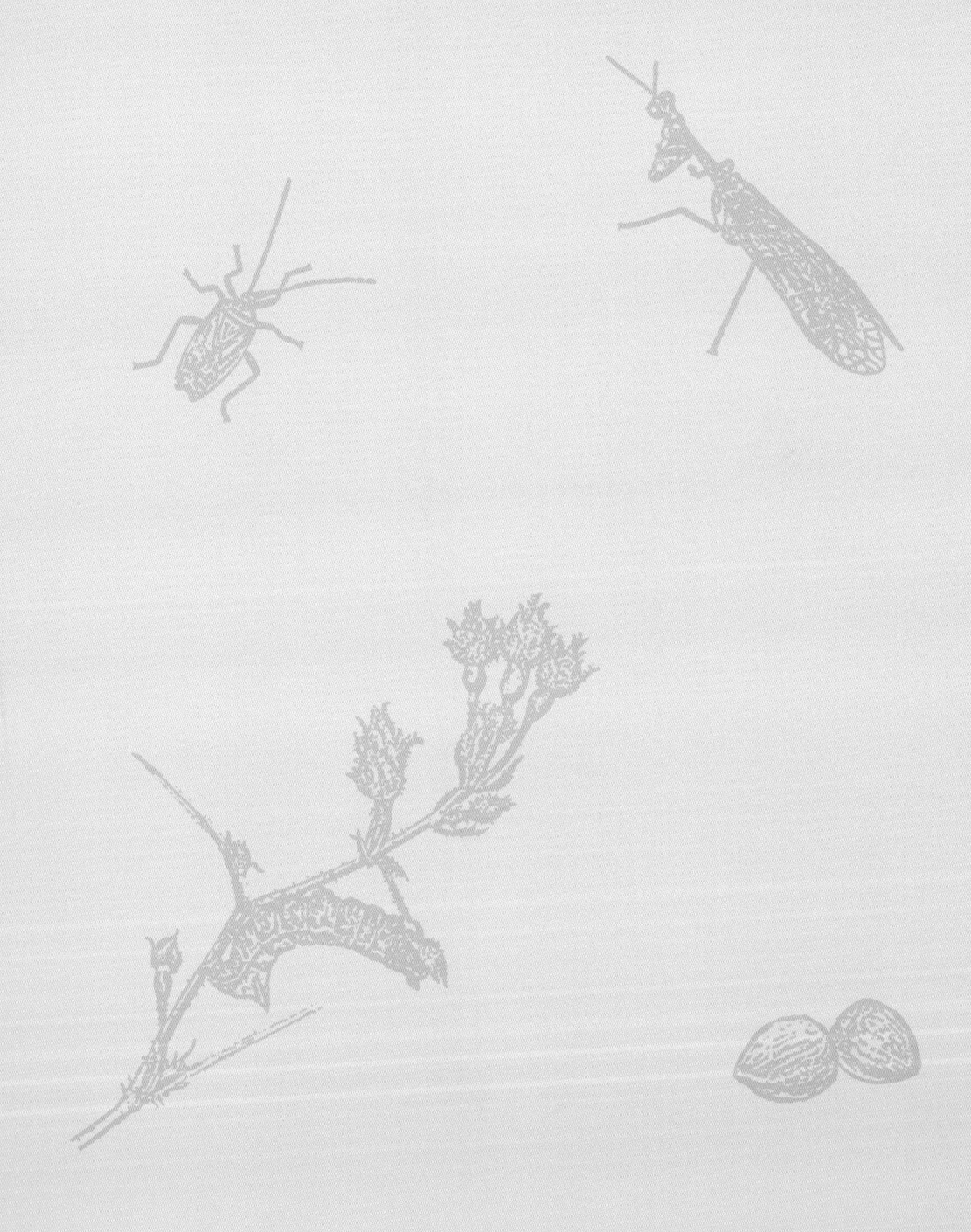

# 여름철 새들의 먹이

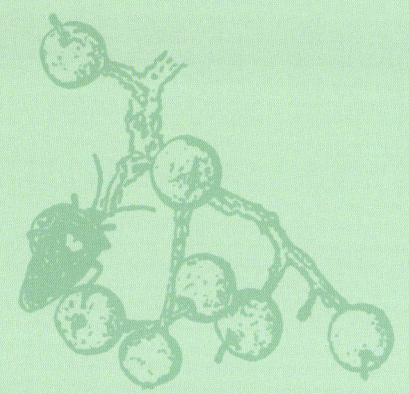
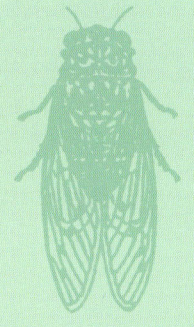

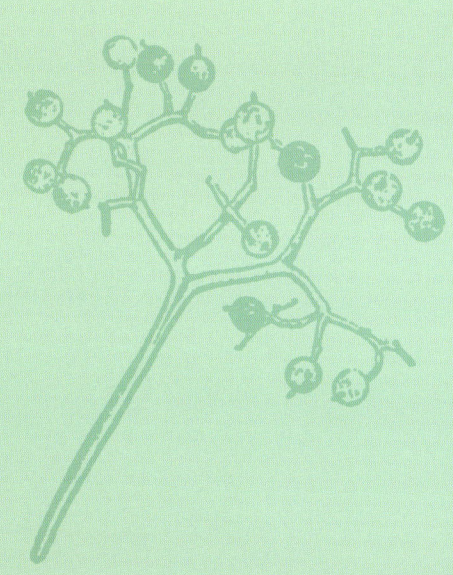

# 새들에게 가장 중요한 먹이, 벌레

1950년대 말, 중국에서는 참새, 들쥐, 파리, 모기를 사람에게 해를 끼치는
네 가지 생물로 정하고 모두 없애자는 '제사해운동'이 일어났어요.
참새 때문에 곡식 수확량이 줄어든다고 여기고
참새를 없애기 시작했는데, 이 일을 시작한 첫해에만
2억 마리나 넘는 참새가 죽임을 당했다고 해요.

참새가 거의 멸종되다시피 한 뒤에는 곡식을 더 많이 거둘 수 있었을까요?
하루에 벌레 수백 마리를 잡아먹는 참새가 다 사라져 버리니,
곡식이 자라는 데 해를 끼치는 벌레들이 엄청나게 늘어났고 몇 해 동안 큰 흉년이 들었어요.
나중에 부랴부랴 러시아에서 참새를 들여와 다시 번식시켰지만,
이미 수천만 사람들이 굶주려 죽었다고 합니다.

애벌레 여러 마리를 잡은 참새가
기분이 좋은지 고개를 쭉 빼고
새끼들이 있는 곳을 살피고 있어요.

참새

## 새들이 모두 사라진다면

뒷산에 봄이 오면, 새들은 갓 태어난 새끼들에게 다양한 벌레들을 잡아 먹여요.
한 번에 한 마리부터 여러 마리씩 하루에 수십 번을 둥지로 물어 나르니
하루에 잡는 벌레 수가 어마어마할 거예요.
새들이 숲에서 사라진다면 어떻게 될까요?
아마 벌레가 너무 많아져서 풀과 나무들은 살기 힘들 거예요.
그러면 우리도 뒷산에서 활짝 핀 꽃 대신 엄청나게 많은 벌레들만 보게 되겠지요.

어치

어치가 애벌레를 잡았어요.
도토리가 맛있게 익기 전까지는
어치도 많은 애벌레를 잡아먹어요.

여름철 새들의 먹이

## 애벌레는 새들에게 최고의 먹잇감이야

새들이 애벌레를 잡으면, 어떤 애벌레는 그냥 꿀꺽 삼키고 어떤 애벌레는 내장을 빼고 먹어요.
그 까닭이 뭘까 궁금해요. 애벌레들은 독성이 있는 식물을 먹기도 하니,
혹시 애벌레 내장에 식물의 독성이 남아 있어서일까요?

곤줄박이가 잡은 애벌레를 나뭇가지에
탁탁 쳐서 내장을 빼내고 있어요.
껍질만 남은 애벌레를 맛있게 먹었어요.

곤줄박이

오목눈이

박새

오목눈이는 꽤 큰 애벌레를 물고 왔어요.
부리가 작다고 얕보면 안 되겠는데요!

박새가 땅속에서 뭔가를 찾아 물고 왔어요.
벌레 먹은 열매인지 벌레 고치인지 잘 모르겠어요.
껍질을 뜯고 안에 있는 애벌레를 먹었어요.

산솔새

산솔새도 넓은 숲을 헤집고 다니며
숨어 있던 애벌레들을 잡았어요.

꾀꼬리는 긴 털이 난
반달누에나방 애벌레를
물고 왔어요.

꾀꼬리

딱새 수컷이 통통한 애벌레를
부리에 물고 있어요.
새끼에게 가져다주려나 봐요.

딱새 수컷

숲길을 걷다가
돌돌 말린 상수리나무 잎을 봤어요.
아래쪽 잎은 누가 그랬는지 반쯤 뜯겨져 있어요.
위쪽 나뭇잎에 숨어 있던 애벌레는
무사히 성충이 되었을까요?

상수리나무 잎

여름철 새들의 먹이   51

## 풀숲에 숨어 있는 벌레들

여름은 벌레들의 계절이에요.
그리고 벌레들은 새들의 소중한 먹이가 돼요.
잘 익은 열매나 풀씨를 좋아하는 새들도
가을이 오기 전까지는 거의 벌레를 먹고 살아요.
특히 둥지에서 새끼를 키울 땐 더욱 그래요.
여름엔 벌레가 아주 많고 영양도 풍부하거든요.

1. 호리꽃등에 2. 새똥 묻은 우리가시허리노린재 3. 대륙게거미 4. 꼬마꽃등에
5. 진딧물 6. 검정빗살방아벌레 7. 홍비단노린재 8. 왕사마귀 9. 고마로브집게벌레
10. 남방부전나비 11. 검은다리실베짱이 약충 12. 일본왕개미 13. 거미류

14. 배추흰나비  15. 애사마귀붙이  16. 뒷창참나무노린재  17. 파리류의 그림자

여름철에는 나뭇잎이 크게 자라면서 숲이 우거져요.
그러면 벌레들이 숨을 곳이 많아지지요. 벌레들은 이파리 뒷면이나
풀숲에 숨곤 하는데, 새들 눈을 피하기 위해서예요.
하지만 새들도 벌레들이 이파리 뒷면에 숨은 걸 잘 알고 꼼꼼히 살펴요.
여름철 새들은 어떤 벌레를 잡아먹을까요?
새들이 어떤 벌레를 잡아먹는지 알고 싶다면 둥지 가까이 숨어서
먹이를 물고 오는 어미새를 기다리거나, 아니면 사냥하는 새와 우연히
마주치길 바랄 수밖에 없어요.

여름철 새들의 먹이

## 새끼 새에게 먹일 영양가 많은 벌레

꾀꼬리가 높은 상수리나무 가지 위에 둥지를 만들었어요.
양쪽으로 갈라진 나뭇가지에 나무껍질이나
풀 줄기 같은 재료들을 엮어서 둥지를 만들어요.

꾀꼬리

덩치가 많이 커진 새끼 꾀꼬리가
둥지 밖으로 나와 어미새가 주는
먹이를 받아먹고 있어요.
까맣게 보이는 먹이는 벌레일까요,
잘 익은 오디일까요?

어미 꾀꼬리가 잡아 온 먹이들 가운데
무엇인지 알 만한 것들도 있었어요.

여치과 애벌레를 물고 왔어요.
긴 더듬이를 그대로 삼키면
목이 간질간질하겠는걸요.

노린재를 물고 왔어요.

얼룩덜룩한 무늬를 가진
하늘소를 잡아 왔어요.

산솔새도 새끼에게 줄 먹이를 잡았어요.
애사마귀붙이를 잡았네요.
애사마귀붙이는 곤충을 좋아하는
사람들도 흔히 보기 힘든 벌레예요.
그렇지만 산솔새에게는
그저 새끼를 포동포동 살찌울
먹이일 뿐이지요.

산솔새

여름철 새들의 먹이

## 꼭꼭 숨은 애벌레 찾기

숲에서는 늘 벌레와 새들 사이에 아슬아슬한 숨바꼭질이 벌어져요.
새들은 숨어 있는 벌레들을 용케 찾아내지만,
벌레들도 그냥 당하고만 있는 것은 아닙니다.

애벌레가 찔레 꽃봉오리를
먹고 있어요.
꽃봉오리가 많아서
그나마 다행이에요.

흰눈까마귀밤나방 애벌레

애벌레 몸통의 줄무늬가
나뭇잎 잎맥과 닮아서
쉽게 눈에 띄지 않아요.

찔레 꽃봉오리를 갉아 먹는
애벌레를 가만히 보니
몸에 찔레 가시와 꼭 닮은
뿔이 나 있어요.

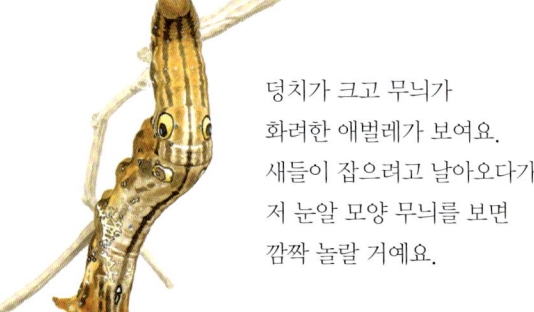

덩치가 크고 무늬가
화려한 애벌레가 보여요.
새들이 잡으려고 날아오다가
저 눈알 모양 무늬를 보면
깜짝 놀랄 거예요.

외줄노랑가지나방 애벌레      으름밤나방 애벌레

벌레 먹어 구멍이 숭숭 난 나뭇잎으로
직박구리가 날아왔어요.
직박구리는 바로 아래 숨어 있는
애벌레를 찾아냈을까요?

직박구리

싸리 나뭇잎이
바느질한 것처럼
붙어 있어요.

잎을 살짝 벌려 보니
녹색 애벌레가
몸을 말고 있네요.

여름철 새들의 먹이 57

축축 늘어진 아까시나무
잎 모양이 조금 이상해요.
잎 가장자리가
불에 데어 생긴 물집처럼
부풀어 있네요.

아까시나무 잎

아까시나무 잎에 대롱대롱 매달린
쇠박새가 작고 하얀 애벌레를 물었어요.
저 애벌레는 어디 숨어 있었을까요?

쇠박새

박새와 쇠박새가 매달렸던
아까시나무 잎사귀를 보니
부풀어 오른 곳의
가운데가 잘렸어요.

가장자리가 부풀어 오른 잎 하나를 따서
가운데를 잘라 봤어요. 부풀어 오른
잎 속에 하얗고 작은 애벌레가 보여요.
혹파리가 잎에 알을 낳으면 잎이
부풀어 오르는데, 알에서 깨어난
애벌레들이 그 속에 살고 있었던 거예요.
이런 걸 벌레혹이라고 불러요.
쇠박새는 벌레혹 속에 먹이가 있다는 걸
어떻게 알았을까요?

쇠박새가 애벌레를 물고 날아간
곳에는 어린새가 기다리고 있었어요.
어미새는 어린새 입속에 애벌레를
넣어 주고, 어린새는 맛있게 받아먹어요.

**쇠박새
(어린새)**

여름철 새들의 먹이

## 이제 스스로 먹이를 찾아야 해

어린새들은 둥지를 떠난 뒤에도 한동안 어미새가 잡아 주는 먹이를 받아먹어요.
하지만 이제 곧 스스로 사냥을 해서 먹고 살아야 하니까
어미새가 가르쳐 주는 사냥법을 열심히 배워야 해요.

어미 참새가 에사키뿔노린재를 잡았어요.
어린새는 배가 고픈지 애타게 쳐다보는데
어미새가 부리에 문 먹이를 쉽게 주지 않네요.

참새

참새
(어린새)

둥지를 떠난 어린 오색딱다구리가
어미새를 따라다니면서 사냥하는 법을 배워요.
어미새가 좀 떨어진 곳에서 먹이를 찾는 동안,
어린새도 가만히 기다리기만 하는 건 아니에요.
'켁! 켁!' 소리를 내어 어미새한테 제 위치를 알려요.
나무 틈으로 혀를 넣어도 보고, 나무를 콕콕 쪼아도 보고,
지나가는 개미도 툭 건드려요.
이게 다 사냥 연습을 하는 거예요.

오색딱다구리
(어린새)

깃털 색이 옅은 어린 곤줄박이가
사냥할 먹이를 찾아 두리번거리고 있어요.
어미새는 멀지 않은 곳에서
어린새를 보고 있고요.
퍽 걱정스러운 듯 보여요.
어린새들이 어미새를 떠나서,
혼자 먹이를 잘 찾아 먹을 수 있을까요?

곤줄박이

곤줄박이
(어린새)

어미새에게 먹이를 달라 보채던
어린 참새가 혼자서 나방을 사냥했어요.
이제 어린 참새는 스스로 살아가는
어엿한 숲의 일원이 된 거예요.

참새
(어린새)

여름철 새들의 먹이

# 맴맴 매미를 만났어요

더위가 한창인 여름날, 뒷산을 돌아보는데
작고 갈색빛이 도는 무언가가
벚나무 줄기에 매달려 있었어요.
가까이 가서 보니 매미가 벗어 놓은 허물이 있네요.
몇 해 동안 땅속에 살던 매미 애벌레가
땅 밖으로 나와 허물을 벗고 어른 매미가 된 거예요.
땅속에 살다가 숲으로 나와
단단한 껍질까지 벗으니 얼마나 시원할까요?
한번은 밤늦게 뒷산을 둘러보다가 매미가 허물 벗는 모습도 봤어요.

## 매미의 날개돋이

땅속에서 나온
매미 애벌레가
나무를 기어올라요.

알맞은 곳에 자리 잡으면
등이 갈라지며
허물을 벗기 시작해요.

몸이 허물에서
거의 다 빠져나왔어요.
야광처럼 밝게
빛나는 몸이 보여요.

접힌 날개를
펴고 있어요.

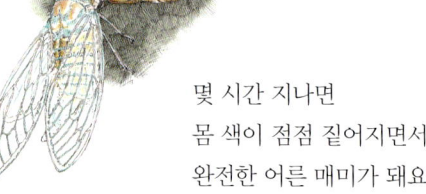

몇 시간 지나면
몸 색이 점점 짙어지면서
완전한 어른 매미가 돼요.

## 뒷산에서 만난 매미들

매미는 전 세계에 삼천 종쯤 되고, 우리 나라에는 열네 종이 살고 있다고 해요.
뒷산에서도 꽤 여러 매미를 만났어요.
매미마다 크기나 생김새, 노랫소리가 어떻게 다를까요?

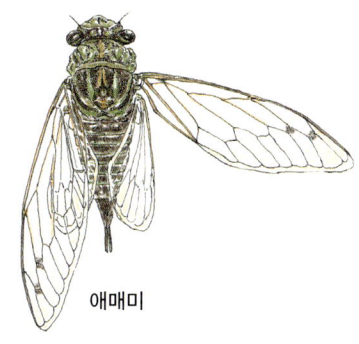

애매미

매미 주둥이에 달린
빨대 모양 관으로
나무에서 즙을 빨아 먹어요.

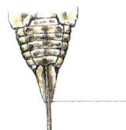

암컷은 몸통 끝에
긴 산란관이 달려 있어요.

애매미는 작고 길쭉하게 생겼어요.
긴 앞날개와 짧은 뒷날개가
한 쌍씩 있어요.
여러 가락으로 노래하는
숲속의 가수예요.

털매미

털매미는 몸 크기가 작은 편이에요.
날개에 알록달록 화려한 무늬가 있어요.
'찌이이이' 하는 소리를 낮게 냈다
높게 냈다 되풀이해요.

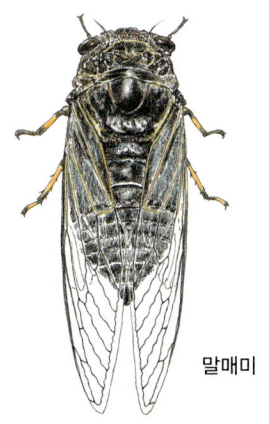

말매미

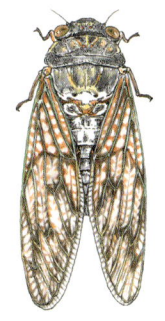

유지매미

참매미

말매미는
우리 나라 매미 가운데
가장 크고, '차르르르' 하고
우렁찬 울음소리를 길게 내요.

유지매미는 날개에
적갈색 무늬가 있어요.
'지글지글' 기름 끓는 듯한
소리를 내요.

참매미 날개는
옅은 밤색이 돌고 투명해요.
'맴 맴 맴 매앰' 하고 노래해요.

여름철 새들의 먹이    63

## 매미를 잡아먹는 법

매미가 땅 위로 나왔다고 마냥 자유롭게
날아다니며 신나게 노래할 수 있는 건 아니에요.
숲에는 통통한 매미를 잡아먹으려는 새들이 아주 많거든요.

솔부엉이는 야행성 새예요.
밤에는 나방이나 딱정벌레를 잡아먹으며 돌아다니고,
낮에는 나무에서 자요.
매미 소리 때문에 잠을 설쳐서 짜증이 난 걸까요?
눈을 슬쩍 뜨고 주변을 살피다
갑자기 긴 날개를 펼쳐서 휙 날아가요.

솔부엉이

조금 뒤 솔부엉이가 날아오더니
다시 나뭇가지에 앉아요.
한쪽 발로 무언가를 잡고 뜯어 먹고 있어요.
그런데 이상하지요.
조금 전까지 들려오던 매미 소리가
더 이상 들리지 않네요.

먹보 직박구리도 매미를 잡았어요.
직박구리는 정말 못 먹는 게 없네요.
그런데 매미가 몸집이 큰 데다가
길고 억센 날개가 있으니
한입에 꿀꺽 삼키기 힘든가 봐요.
한쪽 발로 잡고 뜯어 먹으면 될 텐데,
직박구리는 그런 재주가 없나 봅니다.

**직박구리**

매미 날개를 떼어 내려고 안간힘을 써요.
부리로 이리저리 돌리며
잘근잘근 물어서
먹기 좋게 만들어요.

매미를 휙 던져서 방향을 바꿔 보지만
그래도 부리 속으로 잘 들어가지 않아요.
매미를 잡고 나뭇가지에 문질러서
날개를 떨어뜨린 다음에야 겨우 먹을 수 있었어요.

여름철 새들의 먹이

이끼가 잔뜩 낀 나무 위에서 아래로
내려가던 동고비가
뭔가를 부리로 덥석 물었어요.
덩치가 꽤 큰 벌레예요.
날개를 퍼덕이며
도망가는 벌레 때문에
동고비가 꽤 애를 먹네요.

동고비

한참을 실랑이하던 동고비가
잡은 먹이를 물고
나무에 거꾸로 매달렸어요.
마치 '봐, 이걸 내가 잡았어!' 하고
자랑하는 것 같았지요.
동고비 부리에 물려 있는 건
작은 털매미예요.

**새호리기**

둥지로 매미를 물고 들어갔던 새호리기 어미가 매미를 물고 다시 날아가요. 왜 애써 잡은 매미를 새끼들에게 먹이지 않고 다시 물고 나왔는지 궁금해요. 혹시 새끼들이 매미를 먹기 싫다고 했을까요?

파랑새도 매미를 잡았어요.
새호리기와 파랑새는
높은 나뭇가지에 앉아 있거나
하늘을 빙빙 돌며 먹이를 찾는데
어떻게 나무에 붙어서 사는
매미를 잡았을까요?

**파랑새**

여름철 새들의 먹이

# 파랑새와 새호리기의 먹이 사냥

파랑새와 새호리기는 뒷산을 찾는 대표적인 여름 철새입니다.
둘 다 봄에 뒷산에 찾아오면 까치가 쓰고 난 둥지를 골라
짝을 짓고 새끼를 길러요.
뒷산의 파랑새와 새호리기는 주로 해가 뉘엿뉘엿
저물어 갈 무렵 본격적인 사냥을 시작해요.
아마 그때부터 하늘에 날벌레들이 많아지기 때문일 거예요.
둘 다 하늘을 날며 먹이를 잡는데, 잡는 방법이 달라요.

### 파랑새의 사냥법

파랑새는 꽥꽥꽥꽥 요란한 소리를 내요.
긴 날개를 너울거리면서
이리저리 날다가, 날벌레가 보이면
넙적한 부리를 크게 벌려 덥석 물어요.

먹이

파랑새

## 새호리기의 사냥법

새호리기는 끼끼끼끼 소리를 내며 날아요.
얼음판을 미끄러지듯 큰 원을 그리며
빙글빙글 돌다가, 먹잇감이 보이면 재빨리 방향을 틀어
쫓아가서 양발을 쭉 뻗어 낚아채요.

날다가 먹잇감을 발견하면
날개와 꼬리깃으로 방향을 바꿔요.

새호리기

먹이

먹잇감이 날아가는 방향으로
미리 빠르게 날아가요.

양발을 앞으로 쭉 뻗어서
먹잇감을 꽉 움켜쥐어요.

잡은 먹이를 날면서 먹기도 해요.

여름철 새들의 먹이

## 잡은 먹이를 짝을 위한 선물로

새들이 사냥하는 건 꼭 자기가 혼자 맛있게 먹기 위해서만은 아니에요.
수컷이 암컷에게 구애할 때나, 새끼들에게 먹이려고 먹이를 잡아요.

파랑새

파랑새가 먹이를 잡은 다음,
다른 파랑새에게 날아가 그 먹이를 건네고 있어요.
모습은 꼭 닮았지만 먹이를 잡아 건네는 새가 수컷이고,
기다리다가 먹이를 받는 새가 암컷이에요.

뒷산의 파랑새 부부는 새끼들에게 주려고
주로 풍뎅이류를 잡아 왔어요.
딱지날개 속에 날개를
채 넣지 못한 걸 보니,
날아가는 풍뎅이를 잡았나 봐요.

나무에 붙어 시끄럽게 울던 매미가
날아올라요. 그걸 본 파랑새가
매미를 쫓아가요. 매미를 잡은 파랑새는
나뭇가지로 물고 와서는 한참 있다가 삼켰어요.
다른 새들은 매미 날개를 떼어 내느라 고생하는데
파랑새는 입이 커서인지 통째로 꿀꺽 넘겼어요.

## 새끼에게 줄 먹이를 사냥하는 새호리기

새호리기는 참새처럼 작은 새도 잘 잡아요.
수컷 새호리기가
암컷에게 구애할 때나
새끼들이 어릴 때 먹이로
참새를 많이 잡아 왔어요.

새호리기가 새끼에게 줄 참새를 잡았어요.
새호리기도 새끼들을 건강하게 키워야 하니
어쩔 수 없겠지요.

태어난 지 얼마 되지 않아
하얀 솜털로 덮인 새끼 새호리기가
먹이를 달라며 어미를
쳐다보고 있어요.
어미새가 먹이를 잘게 찢어 주자
새끼들이 맛있게 받아먹어요.
그걸 보니, 참새를
사냥한 새호리기를
미워할 수 없었어요.

둥지를 떠난 어린 새호리기들도 한참 동안 둥지 가까운 곳에 머물며
어미에게 먹이를 받아먹어요. 어미가 먹이를 물고 어린새들이 기다리는 곳으로 날아오면,
배고픈 어린새들이 서로 먹겠다고 다투기도 해요.

새호리기가 제비나비를 잡았어요.
둥지를 떠난 어린 새호리기가 얼른
달라고 보채는 것 같아요.

어미 왼발에 있는 먹이를 왼쪽에 있던 어린새가 받아먹네요.
이맘때 잡아 오는 먹이는 잠자리가 많아요.
어디서 이 많은 잠자리들을 잡아 오는 걸까요? 아마 뒷산 가까운 습지에서 태어난
잠자리들이 작은 날벌레를 잡아먹으러 뒷산까지 온 것 같아요.

뒷산에도 습지가 있었는데 사람들이 습지를 메워 버리고
생태공원을 만들었어요. 습지가 그대로 남아 있었다면
더 다양한 생명들을 뒷산에서 만날 수 있었을 텐데, 참 아쉬워요.

무더운 날들이 이어지다
조금씩 선선한 바람이 불기 시작했어요.
붉게 물드는 저녁놀처럼 나뭇잎들도 점점 물들어 가요.
뒷산에서 태어난 어린 파랑새는 스스로 사냥한 먹이를 물고
물오리나무 줄기에 앉았어요.
'끼끼끼끼끼끼' 요란한 소리를 내며
저녁 하늘을 날아가는 새호리기 무리도 있어요
어미 새호리기가 어린새들을 데리고 다니며
사냥을 가르치는 것 같아요.
어린 새호리기가 스스로 사냥을 할 수 있게 되면
먼 남쪽 나라로 여행을 떠날 거예요.
날아가는 새호리기 식구들 위로
반달이 예쁘게 빛나고 있어요.

# 숲이 낸 문제를 맞혀 봐요

'도깨비방망이'라는 옛이야기를 들어 본 적 있나요?
산속 빈집에서 비를 피하던 나무꾼이 배고파서 주워 놨던 열매를 깨무니까 그 소리에
도깨비들이 놀라 도망치는 바람에 도깨비방망이를 얻게 되는 이야기 말이에요.
여기서 나오는 열매가 바로 개암이에요.

## 개암나무

개암나무는 참나무목 자작나뭇과에 속하는 넓은잎 작은키나무예요.
겨울이 막 끝난 이른 봄 숲속에서 진달래, 생강나무와 함께 가장 먼저 꽃을 피워요.
한 나무에 암꽃과 수꽃이 따로 피는데, 바람이 불어 수꽃의 꽃가루가
암꽃의 암술대와 만나면 개암이 맺혀요.

**잎눈**
암꽃과 닮은 잎눈은
나중에 넓은잎이 돼요.

**암술대**
바닷속 말미잘처럼
생겼어요.

**암꽃**

**수꽃**
수꽃이 점점 벌어지면
노란색 꽃가루가
담긴 꽃밥이 보여요.

**개암나무 잎**

**여름철 덜 익은 개암**

**가을철 다 익은 개암**

## 누가 개암을 나무 틈에 끼워 넣었을까?

2013년 8월 어느 날, 뒷산을 걷다가 등산로 옆 참나무 틈에
개암이 끼워져 있는 걸 보았어요.
개암은 반이 갈라져 있고, 무언가로 파 먹은 것처럼 보였어요.
처음에는 대수롭게 여기지 않았어요.
숲에서는 사람들이 눈에 보이는 틈새 여기저기에
온갖 것을 끼워 놓은 걸 흔하게 볼 수 있거든요.
며칠 뒤 다른 곳에 있는 나무에서 비슷한 모습을 또 보게 되었어요.
그다음부터는 개암을 나무 틈에 끼워 넣은 주인공이 누구인지 궁금해졌어요.

딱딱한 밤이나 잣을 좋아하는 다람쥐나 청설모였을까요?
하지만 다람쥐나 청설모는 나뭇가지에 앉아 두 발로 도토리 껍질을 능숙하게 벗기니까
나무 틈에 개암을 끼워 넣은 건 아닐 거예요.

다람쥐

그럼 도토리를 좋아하는 어치나
때죽나무 열매를 좋아하는 곤줄박이는요?
어치나 곤줄박이도 두 발로 열매를 잡고
부리로 능숙하게 쪼아 먹기 때문에
나무 틈에 개암을 끼워 넣을 것 같지는 않아요.

그 뒤로도 같은 모습을 몇 번 보기는 했지만
여전히 누가 개암을 나무 틈에
끼워 넣었는지 알 수 없었지요.

어치

해가 두 번 바뀌고 7월쯤 뒷산을 걷고 있는데 '톡톡톡 톡톡톡' 딱다구리 소리가 들려요.
고개를 돌려 보니 오색딱다구리 한 마리가 참나무에 붙어서 무언가를 쪼고 있었어요.
초록빛이 또렷한 개암을요! 주인공을 찾은 건가 싶었지만, 단정하기는 일렀어요.
오색딱다구리가 개암을 쪼는 모습은 보았지만,
가느다란 나무 줄기에 매달려 개암을 따는 건 쉽지 않을 것 같았어요.
또, 그때까지 나무 틈에 끼우는 걸 한 번도 보지 못했거든요.
혹시 다른 새가 끼워 넣은 개암을 가로챈 건 아닐까요?

오색딱다구리

새호리기

그로부터 한 달쯤 뒤, 둥지에서 나온
어린 새호리기를 관찰하고 있을 때예요.
어미를 기다리던 어린 새호리기가 기지개 켜는 걸 보고 있는데,
바로 앞 개암나무에 오색딱다구리가 날아왔어요.
오색딱다구리는 개암나무 가는 가지를 두 발로 잡고
부리로 개암을 똑 딴 다음, 바로 앞에 있는
아까시나무로 날아가 나무 틈에 개암을 쏙 끼워 넣었어요.
그러고는 개암을 부리로 콕콕 쪼아서 맛있게 먹기 시작했어요.
드디어 오랜 궁금증이 말끔하게 풀렸어요.
마치 일부러 내게 정답을 알려 주려는 것처럼 말이에요.

딱다구리나 동고비처럼 두 발로 나무를 움켜쥐는 새들은
나무 열매를 나무 틈에 끼우고 부리로 쪼아 먹는 경우가 많아요.
새들의 부리나 발이 비슷비슷하게 생긴 것 같아도
생김새나 역할이 조금씩 달라요.
마찬가지로, 먹이를 먹는 방법도 조금씩 다른 거예요.

오색딱다구리가 아까시나무 틈에
끼워 넣은 개암

오색딱다구리

숲에서 뭔가 궁금한 게 생겼을 때,
책을 찾아보거나 다른 사람들 이야기를 듣는 것도 좋지만,
궁금한 마음을 잘 간직하고 잊지 않는 게 가장 중요해요.
그럼, 책에서 알려 주지 않은 아주 재미있는 것을 알아낼 수도 있으니까요.

# 새들이 좋아하는 층층나무 열매

자연에는 생김새가 비슷비슷한 동식물들이 많아요.
그래서 구분하기 쉽도록 그 생물한테만 있는
독특한 특징을 이름에 담기도 하지요.
줄기가 층층이 달리며 자라는 층층나무도 그런 이름들 가운데 하나예요.
뒷산에서 처음 층층나무를 발견했을 때 참 기뻤어요.
늦여름에 짙은 검보라색으로 익는 층층나무 열매는
새들이 무척 좋아하는 먹이거든요.

층층나무

## 층층나무

층층나무 잎

층층나무 잎은 6~10쌍의
잎맥이 가운데 잎맥에서
어긋나게 나 있어요.
작고 하얀 꽃이 무리 지어 피어요.

층층나무 꽃

꽃잎이 네 장 있어요.
꽃잎에 수술 네 개와 암술 한 개가
달려 있는데 열매가 다 익을 때까지
암술대가 달려 있기도 해요.

층층나무 줄기와 열매

까맣게 익어 가는 열매가 달린
층층나무 줄기예요.
마치 한 그루 나무처럼 보여요.

되지빠귀(어린새)

뒷산에서 태어난 어린 되지빠귀가
땅에 떨어진 층층나무 열매를
주워 먹고 있어요.
동그란 열매가 까만 눈동자와 닮았네요.

여름철 새들의 먹이

## 층층나무 열매를 먹으러 온 새들

뒷산 층층나무 열매를 먹으러 새들이 날아들었어요.
열매가 잘 익을 때쯤 찾아온 새들 가운데는 그해 태어난 어린새들이 많아요.
나무에 구멍을 내고 벌레를 잡는 딱다구리나 지렁이를 좋아하는 지빠귀과 어린새들도
층층나무 열매를 좋아해요. 욕심 많은 직박구리들은 열매가 채 익기 전부터
텃세를 부려요. 덩치가 작은 솔딱새나 흰눈썹황금새는
직박구리들의 눈을 피해 재빨리 열매를 따 먹어요.

솔딱새가 날면서
층층나무 열매를
따 먹어요.

솔딱새

흰눈썹황금새
수컷

흰눈썹황금새
암컷

노란 깃털 색이 예쁜
흰눈썹황금새 수컷이에요.
잘 익은 열매를 하나 물고
안전한 나뭇가지로 가서 꿀꺽 삼켜요.

흰눈썹황금새 암컷이 재빨리
열매를 따서 날아가는데
몇 초도 채 걸리지 않아요.

꾀꼬리도 층층나무 열매를 좋아해요.
어린 꾀꼬리는
가슴에 점무늬가 있어요.

**꾀꼬리**
(어린새)

**쇠딱다구리**
(어린새)

**직박구리**

어린 쇠딱다구리도
잘 익은 열매를 골라서
한입에 쏙 넣어요.

직박구리가 잘 익은 열매를
한입에 서너 개나 물고 있어요.
다른 새들과 사이좋게 나눠 먹으면
좋을 텐데, 욕심 부리는 직박구리가
조금 얄미워요.

어린 청딱다구리도 찾아왔어요.
힘들게 벌레를 잡는 것보다는
열매를 똑똑 따 먹는 게 더 쉬워서일까요?
나무 구멍 속에서 찾아낸 먹이도 맛있겠지만
잘 익은 층층나무 열매도 별미일 거예요.

**청딱다구리**
(어린새)

여름철 새들의 먹이

## 층층나무를 찾아온 반갑지 않은 손님

봄이면 층층나무 꽃을 찾아
곤충들이 날아들고,
여름이면 많은 벌레들이 찾아와
층층나무 잎에 알을 낳거나
넓은잎 뒤에 숨어요.
그런데 몇 해 전부터 층층나무에
하얀 솜털 같은 게 보이기 시작했어요.
바로 미국선녀벌레 약충이었어요.
미국선녀벌레는 우리 나라에 들어와
농작물에 많은 피해를 주는 외래 곤충이에요.

미국선녀벌레 약충들이
알을 깨고 난 곳에 탈피각*이
하얗게 남아 있어요.

*탈피각
 곤충류 따위가 자라면서
 벗는 허물이나 껍질.

연두어리왕거미가
나뭇잎에 가만히 숨어서
먹이가 될 만한 벌레를 기다려요.

**연두어리왕거미**

에사키뿔노린재

에사키뿔노린재가 열매에
주둥이를 꽂고 즙을 빨아 먹어요.

푸토니뿔노린재

푸토니뿔노린재는
연둣빛이 도는 알들을
지키고 있어요.

84

미국선녀벌레 약충을 둘러싼
지저분한 솜털이 보기 싫기도 하지만,
배설물 때문에 생기는
그을음병이 더 큰일이에요.
벌레들도 살아야 하니 잎을 갉아 먹거나
열매즙을 빨아 먹을 수밖에 없지만,
생명을 이어 가는 데 별 상관없는
다른 식물들에게 큰 피해를
주는 건 정말 얄미워요.
뒷산 나무들 가운데서도 층층나무는
아주 큰 피해를 입었어요.

잎이 불에 탄 냄비처럼
까맣게 그을렸어요.
그을린 잎은 광합성을 하지 못해
나무 전체에 나쁜 영향을 줘요.

개미들이 나뭇잎에 떨어진
미국선녀벌레 배설물을 먹으러 왔어요.
미국선녀벌레가 와서 좋은 건
개미밖에 없는 것 같네요.

미국선녀벌레 성충

미국선녀벌레 약충

여름철 새들의 먹이

나무들 스스로 미국선녀벌레를 이겨 내길 바랐지만,
시간이 갈수록 피해가 심해졌어요.
특히 층층나무는 열매도 잘 익지 않아 찾아오는 새들도 줄었지요.
그런데 어느 때부터인가 층층나무 주위로 참새들이 모여들었어요.
참새들은 힘을 합쳐 미국선녀벌레들을 사냥했습니다.
참새 한 마리가 나뭇가지에 붙어 있는 미국선녀벌레를 공격해요.
그러면 벌레들이 사방으로 흩어지며 땅으로 도망치지요.
이때를 기다리던 다른 참새 무리가
우르르 달려들어 벌레를 잡아요.
마치 정어리 떼를 얕은 물가로 몰아
함께 사냥하는 돌고래들을
보는 것 같았어요.

참새

나무 아래서 기다리던 참새들이
도망치는 미국선녀벌레들을
쫓아가 잡아먹고 있어요.
꽤 맛있는 먹이인지 서로 먹으려고 난리예요.

미국선녀벌레를
잡아 온 어미 참새 몸에
하얀 탈피각이 묻어 있어요.

참새들이 열심히 미국선녀벌레들을 잡았지만, 금세 수가 줄지는 않았어요.
그런데 처음엔 별로 관심을 보이지 않던 다른 새들이 점점
미국선녀벌레를 잡아먹기 시작했어요.
층층나무 열매를 잘 먹지 않는 박새나 쇠박새들까지 날아왔어요.
가을에 뒷산에 잠깐 들르는 솔새들도
미국선녀벌레를 열심히 잡아먹었어요.

미국선녀벌레는 긴 여행에 지친 솔새들에게
아주 좋은 먹잇감이었습니다.
솔새들이 미국선녀벌레를 잡아먹으며 꽤나
오래 머문 덕분에, 아주 잠깐 뒷산에 머무는
솔새들을 오랫동안 관찰할 수 있었지요.

노랑눈썹솔새가 미국선녀벌레를
꿀꺽 삼키고 있어요.

**노랑눈썹솔새**

지금도 뒷산 여기저기에
미국선녀벌레들이 보여요.
자주 내린 비 때문인지 많은 새들이
잡아먹어서인지 모르겠지만
예전처럼 숲을 온통 차지하고 있지는 않아요.
조금 느리게 보이지만, 뒷산에 사는
새와 곤충, 나무와 풀들이 서로 도와 가며
자연의 균형을 찾아가고 있어요.

**미국선녀벌레를 잡은
노랑눈썹솔새**

여름철 새들의 먹이 87

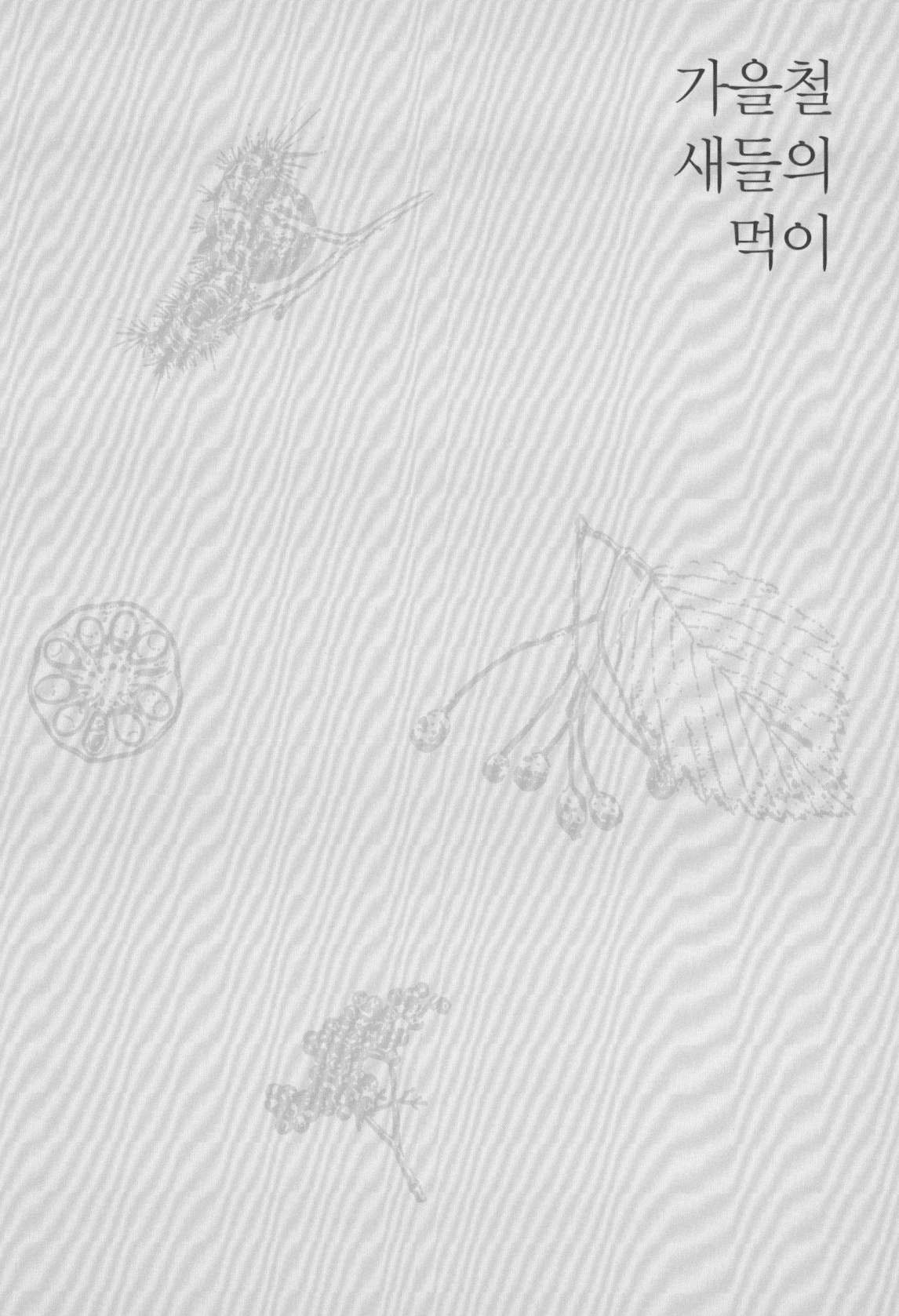

# 가을철 새들의 먹이

# 새들이 좋아하는 외래 식물

외래 식물은 다른 나라로부터 들어온 식물을 말해요. 공사를 하느라 파헤쳐진 곳에서 쉽게 볼 수 있지요. 외국에서 들여온 곡물이나 공사 자재에 붙어 있던 씨앗이 황폐화된 땅에 먼저 뿌리내리는 경우가 많거든요.

## 미국자리공

미국자리공은 북아메리카가 원산지인 외래 식물이에요. 초록색 잎에 붉은 보랏빛 줄기가 눈에 잘 띄지요. 산성화된 땅에서도 잘 자라기 때문에 한때는 땅을 산성으로 만들어 버린다는 오해를 받기도 했어요.

미국자리공

기다란 줄기에 꽃과 열매가 함께 달려 있어요.
가지 가까운 쪽부터 열매가 익어 가요.

가을이 깊어지면 나뭇잎은 붉게 물들고
탱탱하던 열매가 건포도처럼 쪼그라들어요.

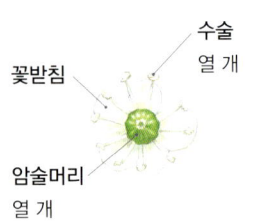
꽃받침
수술 열 개
암술머리 열 개

덜 익은 열매는
아주 단단해요.

다 익은 열매는 포도처럼 까매져요.
손으로 만지다 터지면 진한 자줏빛 즙이 나오는데
묻으면 잘 지워지지 않아요.

## 미국자리공을 찾는 벌레들

미국자리공에는 다양한 생명들이 찾아와요.

대륙게거미

털보깡충거미

게를 닮은 대륙게거미가
꽃받침 뒤에 몰래 숨어 있어요.
작은 개미나 곤충들을 노리는 거예요.

털보깡충거미가 껑충 뛰어
미국자리공 나뭇잎에
올라왔어요.
눈 여덟 개를 반짝거리며
먹잇감을 찾고 있어요.

개미

한입 베어 문 사과처럼
누군가 열매를 먹은 흔적이
남아 있네요.

개미 한 마리가 꽃 속에
고개를 깊이 처박고
다리를 허우적거려요.

우리가시허리노린재도 미국자리공 열매를 아주 좋아해요.
같은 노린재인데도 생김새가 다 달라요. 번데기가 되지 않고
안갖춘탈바꿈을 하는 노린재들은 여러 번 허물을 벗으며 성충이 돼요.

아직 어린 자신을 보호하려고
날카로운 가시가 나 있어요.

우리가시허리노린재 약충 1령
우리가시허리노린재 약충 2령

우리가시허리노린재 성충

덩치가 커지면서 가시가 무뎌져요.

빨대처럼 침을 꽂아 즙을 빨아 먹어요.

가을철 새들의 먹이 91

## 미국자리공 열매를 먹는 새들

벌레들만 미국자리공을 찾는 건 아니에요. 열매가 까맣게 익기 시작하면
먹성 좋은 직박구리는 물론이고 물까치까지 떼로 몰려와서 미국자리공 열매를 먹어요.
미국자리공 열매를 가장 좋아하는 새는 멧비둘기예요.
그래서 외국에선 미국자리공을 피죤베리(pigeonberry, 비둘기 열매)라고 부르기도 한대요.
하지만 새들이 맛있게 먹는다고 따라 먹으면 절대 안 돼요.
열매와 뿌리에 독성이 있기 때문이에요. 미국자리공 열매를 먹는 새들은
오랜 세월에 걸쳐서 열매를 소화할 수 있게 진화한 거예요.

청회색 빛깔 긴 꼬리가 멋진 물까치가
가지에 매달려 미국자리공 열매를
하나 똑 따서 물고는
다른 물까치들을 쫓아가요.

**물까치**

**멧비둘기**

멧비둘기가 잘 익은 열매를 골라
부리로 똑 따 먹어요.
저렇게 많이 먹는데 어떻게
열매를 하나도 안 터뜨릴까요?
만약 하나라도 터뜨렸다면 멧비둘기 부리가
짙은 자주색으로 물들었을 거예요.

열매와 잎이 다 말라 버린 늦가을에도
멧비둘기는 미국자리공에서 떠날 줄을 모르네요.

## 일본목련 열매를 먹는 새들

뒷산에는 미국자리공처럼 나라 이름이 들어간 식물이 여럿 있어요.
잎이 아주 큰 일본목련도 그 가운데 하나이지요.
늦은봄 잎과 함께 핀 꽃이 지고 나면 그 자리에
삐죽삐죽 도깨비방망이를 닮은 열매가 열려요.
열매껍질 속에 칸칸이 들어 있는 빨간 열매를
새들이 아주 좋아해요.

일본목련

일본목련 열매

열매껍질이 벌어지면 빨간 열매가 보여요.
덩치가 큰 새들은 먼저 달려들어 껍질을
벌린 다음 열매를 쏙 빼 먹어요.
열매가 다 익을 때까지 기다리다가는
다른 새들이 다 먹어 버릴 테니까요.

뒷산에 사는 새 가운데 덩치가 가장 큰
큰부리까마귀도 빨간 열매를 먹으러 왔어요.
그런데 큰 부리 때문인지 껍질 속에서
열매를 꺼내는 데 애를 먹네요.
용케 하나 빼내고는 자랑하듯
한참을 물고 있어요.

큰부리까마귀

가을철 새들의 먹이

큰오색딱다구리도
일본목련 열매를 먹으러 왔어요.
붉은 머리깃 색이
열매와 꼭 닮았어요.

큰오색딱다구리 수컷

새들이 하나씩 빼 먹다 보니
일본목련 열매가 거의 다 떨어졌나 봐요.
청딱다구리가 홀쭉해진 껍질을 헤치며
혹시나 하는 표정으로 열매를 찾고 있어요.
운 좋게 하나 남아 있으면 좋을 텐데요.

청딱다구리

까치

까치도 일본목련 열매를 먹으러 왔어요.
그런데 까치는 열매살만 콕콕 쪼아 먹네요.
다른 새들은 열매를 통째로 꿀꺽 삼켜서
멀리멀리 날아가는 동안
똥을 눠 씨를 퍼뜨려 주는데 말이에요.

동고비

동고비는 어렵게 찾은 열매를 물고
가까운 아까시나무로 날아갔어요.
오색딱다구리가 개암을 먹을 때처럼
열매를 나무 틈에 끼우고 쪼아 먹으려는 거예요.

한참 맛있게 먹던 동고비가
갑자기 나무 틈에서 열매를 빼 물더니 급히 날아가요.
어치가 열매를 노리고 날아왔거든요.
어치도 열매를 찾아보면 될 텐데,
작은 새의 먹이를 가로채려고 하다니 조금 얄밉네요.

새들이 일본목련 열매를
많이 먹다 보니 새 똥에 섞인 씨앗이
숲 여기저기 많이 퍼졌나 봐요.
그런데 일본목련 곁에서는
다른 나무가 잘 자라지 못한다고 해요.
이파리가 너무 넓고 키가 높게 자라서
나무 아래는 햇볕이 잘 들지 않거든요.
새들이 좋아하는 일본목련 열매가
많아지는 건 반갑지만
다른 나무들은 걱정이 많겠어요.
하지만 숲속 생명들은 슬기로우니까
서로 잘 어울려 살아갈 방법을
스스로 찾아낼 거예요.

어치

# 노린재나무 열매는 누가 먹을까요?

뒷산을 걷는데 저만치서 파란 구슬이 반짝거려요.
가까이 다가가 보니 파란색 열매가 주렁주렁 열렸어요.
바로 노린재나무 열매예요. 노린재가 좋아해서 노린재나무일까요?
알고 보니, 가을에 단풍 든 잎을 태우면 노란 재가
남는다고 해서 노린재나무라고 이름이 붙여졌다고 해요.

**노린재나무**

노린재나무

층층나무 열매나 누리장나무 열매가
검푸른빛이 섞인 보랏빛이라면
노린재나무 열매는 높은 가을 하늘을 닮은 파란빛이에요.

노린재나무 꽃

봄에는 하얀 꽃이 피는데 수술이 많아서
멀리서 보면 복슬복슬한 털뭉치처럼 보여요.

꽃잎은 대여섯 장이에요.
암술은 하나고, 수술은 아주 많아요.

## 노린재나무 열매를 먹는 벌레들

노린재들도 노린재나무 열매를 좋아해요.
노린재들이 파란색 열매에 붙어 침을 빨대처럼 꽂고
즙을 빨아 먹거나 가는 나뭇가지에 알을 붙여 놓은 걸 자주 봤거든요.
노린재뿐 아니라, 노린재나무에는 여러 벌레들이 찾아와요.
하지만 열매가 다 익도록 새들이 먹는 건 보지 못했어요.
새들은 빨간 열매를 좋아한다던데,
노린재나무 열매는 파란색이라서 맛이 없어 보였을까요?

갈색날개노린재

아직 덜 익어 연초록빛이 도는 열매에
갈색날개노린재가 침을 꽂고
즙을 빨아 먹어요.

노린재 알

가지 끝에 붙어 있는 노린재 알이에요.
어떤 노린재가 알에서 나올까요?

열매를 반으로 자르면,
아주 큰 씨가 들어 있어요.

독나방 애벌레

독나방 애벌레가
노린재나무 열매를 먹고 있어요.

애벌레들이 갉아 먹은 흔적이 있어요.
열매를 갉아 먹던 애벌레는 어디로 갔을까요?
살은 다 먹고 갈색 씨앗만 남은 것도 보여요.

가을철 새들의 먹이  97

## 노린재나무 열매를 좋아하는 노랑딱새

'파란색 열매는 새들이 별로 안 좋아하나 봐' 하고 내 맘대로 생각했어요.
어느 해 가을, 뒷산에 노린재나무가 몇 그루 모여 있는 곳에서
나그네새인 노랑딱새 무리를 만났어요. 노랑딱새들은 휙 날아서
노린재나무 열매를 하나 똑 딴 다음, 부리를 벌려 꿀꺽 삼켰어요.
그러고는 다른 데로 날아갔다가 다시 열매를 먹으러 날아오는 걸 되풀이했어요.
그 많던 파란색 노린재나무 열매가 며칠 만에 모두 사라져 버렸어요.

노랑딱새 수컷

노랑딱새 수컷
(미성숙새)

노랑딱새 암컷

노랑딱새 수컷
(미성숙새)

노랑딱새가 파랗게 잘 익은
노린재나무 열매를 하나 골랐어요.

**노랑딱새**

그대로 꿀꺽 삼키니까
목이 불룩해지며
열매가 넘어가는 게 보여요.

올해 태어난 큰유리새 어린 수컷도
노린재나무 열매를 먹으러 왔어요.
다 큰 수컷과 달리 날개깃만 파란색이에요.
그러고 보니 큰유리새 날개 색깔이
노린재나무 열매 색과 많이 닮았네요.

**큰유리새 수컷**
**(미성숙새)**

'노랑딱새는 파란색 노린재나무 열매를 무척 좋아하는구나.
내년 가을에도 노린재나무 열매가 익을 때면
노랑딱새를 만날 수 있겠지?' 하고 생각했어요.
그런데 그다음 해부터 미국선녀벌레 등쌀에 노린재나무가 열매를 많이 맺지 못했어요.
뒷산에 들른 노랑딱새들이 노린재나무 열매가 없어서 굶는 건 아닐까,
먹이가 부족해서 뒷산을 금세 떠나면 어쩌지 하고 걱정이 됐어요.

담쟁이덩굴

## 담쟁이덩굴 열매를 먹는 노랑딱새

뒷산에 가을이 오고 다시 노랑딱새들을 만났어요.
그런데 노랑딱새들을 만난 곳은 노린재나무가 아니라,
물오리나무를 타고 올라간 담쟁이덩굴이 많은 곳이었어요.
노랑딱새들은 휙 날아서 까만 담쟁이덩굴 열매를
똑 따 먹었어요. 노랑딱새가 좋아하는 다른 열매가
있어서 정말 다행이에요.
알고 보니 노랑딱새는 산초나무 열매나
말채나무 열매도 잘 먹는다고 해요.

담쟁이덩굴 열매를 맛있게 따 먹는 노랑딱새들 가운데 한 녀석이 오른발이 없어요. 열매를 따서 나뭇가지로 돌아온 그 노랑딱새는 한쪽 발로 앉느라 불편해 보였지만 포기하지 않고 열심히 열매를 따서 먹었어요.

꼬리깃이 거의 없는 노랑딱새도 봤어요. 곧 먼 길을 가야 할 텐데, 꼬리깃이 없으면 얼마나 불편할까 걱정이 되었어요. 주렁주렁 달렸던 담쟁이덩굴 열매가 거의 다 사라질 때쯤 노랑딱새들도 뒷산을 떠났어요. 발이 없는 녀석도, 꼬리깃이 짧은 녀석도 보이지 않아요. 아마도 담쟁이덩굴 열매를 열심히 먹고 힘내서 뒷산에 왔던 다른 새들과 함께 무사히 남쪽으로 날아갔을 거예요.

**노랑딱새 수컷**

한쪽 발이 없지만 먹이를 향해
날아가는 날갯짓은 무척 힘찼어요.

나뭇가지에 앉을 때는 불편해 보였어요.
어쩌다 발을 잃은 걸까요?

**노랑딱새 암컷**

앉아 있을 땐 몰랐는데 날개를 펴고
날아오르니 꼬리깃이 거의 없는 게 보였어요.
깃갈이를 할 시기는 아닌데,
무슨 일이 있었던 걸까요?

담쟁이덩굴 열매를 열심히 먹으면
꼬리깃도 금세 자랄 거예요.

# 자연과 사람을 이어 주는 감나무

오래전부터 마을 어귀에는 큰 감나무가 한두 그루씩 있었어요.
가을에 잘 익은 감을 딸 때 나무 꼭대기에 달린 감 몇 개를 남겨 두는데
그걸 '까치밥'이라고 해요. 추운 겨울 먹을 것이 모자란 생명들을 걱정하며
자기가 가진 걸 조금씩 나누던 마음이 담긴 말이에요.
감나무에 남긴 까치밥은 산에 사는 새들을 불러들이고,
사람들에게 새의 존재를 알려 주면서 자연과 사람을 이어 주는 다리 역할을 해 주었어요.
뒷산 가까이 있는 내 작업실에도 감나무가 한 그루 있어요.
전에 살던 사람이 심었다는데 지금은 따로 주인이 없어서 그런지
감이 다 익도록 아무도 따지를 않아요.

까치가 나뭇가지를 잡고
느긋하게 감을 쪼아 먹어요.
사람들이 '까치밥'이라 부른다며
다 자기 거라고 우기면 어쩌지요?
다른 새들과 사이좋게
나눠 먹으면 좋겠어요.

까치

감나무

## 감을 먹으러 날아오는 새들

감이 다 익어 가니 여러 새들이 찾아오기 시작해요.
까치도 오고 직박구리도 왔어요. 두 녀석은 소리가 워낙 시끄러우니까
작업실 안에서 그림을 그리고 있어도 알 수 있어요.
까치와 직박구리가 없는 사이에 청딱다구리도 감을 먹으러 와요.
청딱다구리는 직박구리가 반쯤 먹던 감을 긴 혀로 찍어 먹어요.
새들이 감을 맛있게 먹는 모습이 참 보기 좋아요.

청딱다구리

감나무 아래 탱자나무에서 쉬던 참새도
우르르 날아와 감을 쪼아 먹어요.

참새

창밖에서 '뺵! 뺵!' 하는 오색딱다구리 소리가 들려요.
창밖을 내다보니 뒤통수에 빨간 깃털이 난 오색딱다구리 수컷이
다른 새들이 먹다 남긴 감을 먹고 있어요.
얇은 가지를 움켜잡고 감을 먹고 있는 오색딱다구리 아래쪽에
작은 새가 날갯짓을 하는 게 보였어요.
바로 초록빛 깃털에 하얀 눈테, 동박새였어요!
어찌나 반가웠는지 몰라요!
동박새는 남쪽 지방에선 쉽게 볼 수 있는 텃새지만
내가 사는 중부 지방 뒷산에서는 보기 어렵거든요.

오색딱다구리

## 감을 먹으러 온 한국동박새

나뭇가지와 넓은잎에 가려 잘 보이지 않지만 동박새 두 마리가
감을 먹고 있는 게 언뜻 보여요. 그러다 한 마리가 모습을 다 드러냈는데,
옆구리에 짙은 적갈색 무늬가 있었지요.
맙소사! 내가 꼭 보고 싶었던 한국동박새였어요.
뒷산에서는 만날 듯 만날 듯 만나지 못해 서해바다 먼 섬까지 갔는데도
결국 못 봤었거든요. 그런데 한국동박새가 내가 사는 곳으로 찾아와 주다니…….
너무 기뻐서 하마터면 크게 소리 지를 뻔했어요.
한국동박새를 내 곁으로 데려와 준 작업실 옆
감나무가 정말 고마웠습니다.

한국동박새

## 감나무와 닮은 듯 다른 고욤나무

마을 가까이에 감나무가 있다면 산 둘레에는 고욤나무가 있어요.
생김새는 꼭 작은 감나무 같지만 다른 점이 있어요.
감나무는 암꽃과 수꽃이 한 나무에 피는 암수한그루지만 고욤나무는
암꽃과 수꽃이 서로 다른 나무에 피는 암수딴그루예요.
맛은 감하고 비슷해서 감을 좋아하는 새들은 고욤도 좋아해요.
가을에 주황빛으로 익은 고욤이 겨울이 되면 거무스름하게 변하지요.
그 무렵에 맛이 좋아지는지 새들이 와서 먹기 시작해요.

좀뒤영벌

좀뒤영벌이 고욤나무 암꽃의
꿀을 빨고 있어요.

고욤나무
열매

잘 익은 고욤은
작은 감처럼 생겼어요.

누군가 고욤 살을 쏙 빼 먹고
꼭지에 달린 심지만 남았어요.

겨울까지 남은 고욤이
허옇게 말라 가요.
시골 할머니가 골방에서
꺼내 주던 곶감을 닮았어요.

물까치

물까치들이 고욤나무에 몰려왔어요.
물까치는 긴 꼬리가 참 멋져요.
잔가지가 많아 긴 꼬리가
걸리적거리지는 않을까요?

## 나뭇가지 사이에 숨겨 둔 고욤

청설모 한 마리가 나뭇가지를 타고 내려와 가지 사이에서 뭘 주워 먹고 있어요.
자세히 보니 고욤이에요. 나무에 달린 고욤을 따 먹는 게 아니라
다른 나뭇가지에 떨어져 있던 고욤을 먹는 거였어요.
다른 나무 틈에서도 고욤을 보았어요. 오색딱다구리가 나무 틈에 끼워 놓은
개암처럼 누군가 고욤을 따서 나뭇가지 사이에 숨겨 놓은 건가 봐요.
누가 그랬는지 아직 모르지만, 그 주인공을 알게 될 때까지 더 자주 뒷산을 찾을 거예요.

박새

청설모

박새도 날아와 남아 있는
고욤을 맛있게 먹고 가요.

곳곳에서 나뭇가지
사이에 놓여 있는
고욤을 보았어요.

가을철 새들의 먹이 107

# 빨간 열매는 새들에게 주는 선물

차가운 바람이 불고 여름내 많던 벌레들이 줄어들 때쯤이면
여기저기 새들이 좋아하는 빨간 열매가 주렁주렁 달려요.
어떤 열매들이 있을까요?

## 화살나무 열매

분홍빛으로 물든 나뭇잎 사이로
빨간 장식등처럼 달린 화살나무 열매가 보여요.
지나는 길에 뒷산에 들른 유리딱새 수컷이
휙 날아오더니, 열매 하나를 따 꿀꺽 삼키네요.
그런데 빨간 열매를 먹고 파란 깃털이
보라색으로 바뀌면 어쩌지요?
실제로 붉은 깃털을 가진 새들이
빨간 열매에서 물씨(색소)를
얻는다는 이야기를 들었거든요.

화살나무

화살나무 열매를 반으로
잘라 보니, 열매 속은
하얀색이네요.
유리딱새 깃털 색이 바뀔
걱정은 안 해도 될 것 같아요.

유리딱새 수컷

## 산수유나무 열매

물까치들이 산수유나무에 들러서
열매를 하나씩 물고 가요.
물까치들이 꽥꽥거리며
무리 지어 다니는 모습이
꼭 검은 두건을 쓴 카리브해 해적들 같아요.

물까치

산수유

산수유 열매가 꼭
젤리처럼 생겼어요.

가을철 새들의 먹이　109

## 노박덩굴 열매

처음 멀리서 봤을 때는 동글동글 노란 열매가 무척 예뻤어요.
시간이 지나자 열매 껍질이 세 갈래로 벌어지고
그 안에서 빨간 씨앗이 나왔어요.
멋쟁이새가 엄청 좋아한다고 해서 혹시나 하고 기다렸는데
멋쟁이새는 노박덩굴 씨앗이 다 없어지고 하얀 눈이 내린 겨울이 되어서야 뒷산에 왔지요.
직박구리와 딱새가 빨간 노박덩굴 씨앗을 먹는 모습만 볼 수 있었어요.

노박덩굴

딱새 수컷이 노박덩굴 씨앗을 먹고 나서
꼬리깃을 파르르 떨어요.
엄청 맛있다는 뜻일까요?

딱새 수컷

## 마가목 열매

몇 해 전 마가목을 발견하고는 열매가 익으면
새들이 날아와 먹는 걸 보겠구나,
싶었는데 열매가 채 익기도 전에
누군가 다 따 갔어요.
아마 마가목 열매가 몸에 좋다는 말에
사람들이 욕심을 부렸나 봐요.

다 익은 마가목 열매는
붉은색이라기보다 주황색에 가까웠어요.
직박구리들이 거의 독차지하고 먹었지요.

직박구리

마가목

## 보리수나무 열매

새들이 잘 먹는다는 보리수나무 한 그루를 작업실 창문에서 잘 보이는 곳에 심었어요.
보리수나무에 꽃이 피고 가을에 붉은 열매가 달렸을 때 정말 새들이 찾아와서
열매를 먹을까 궁금했지요. 그런데 어떻게 알았는지
가을에 뒷산을 지나던 울새가 와서 보리수나무 열매를 맛있게 먹는 거예요.
얼마나 신기했는지 몰라요. 가끔 찾아와 열매를 먹고 가는 딱새가 알려 줬을까요?

보리수나무

울새

가을철 새들의 먹이

## 산딸나무 열매

산딸나무 열매는 무늬가 축구공을 닮았어요.
열매 크기가 커서 새들이 부리로 쪼아 먹어요. 봄에 피는 산딸나무 꽃도
꽤나 재미있게 생겼어요. 흔히 꽃잎이라고 생각하는 하얀 부분은
꽃턱잎이고, 실제 꽃은 다른 꽃의 수술만큼 아주 작아요.

산딸나무 열매는 주로 직박구리가 와서 먹었어요.
쇠솔딱새도 가까이 있었는데 은행나무에 앉아 있다가
휙 날아서 날벌레만 잡아먹었지요.
층층나무 열매는 그렇게 맛있게 먹던 쇠솔딱새가
왜 산딸나무 열매에는 관심이 없었을까요?

## 생강나무 열매

마가목 열매처럼 사람이 다 가져간 열매가 또 있는데, 바로 생강나무 열매예요.
생강나무는 암수딴그루 나무인데 우리 뒷산에는 암나무가 적어서 열매가 아주 적게 열려요.
그나마도 사람들이 다 따 가서 정말 아쉬워요. 생강나무 열매는 빨갛게 되었다가
잎이 노랗게 물들 때가 되면 까맣게 익어요. 뒷산에서는 초록 잎에
빨간 열매밖에 보지 못했는데 노란 잎에 달린 까만 열매를
먹으러 온 새들도 언젠가는 꼭 만나고 싶어요.

## 주목 열매

주목으로 곤줄박이 한 마리가 날아드는 게 보였어요.
곤줄박이는 빨간 열매를 하나 따서 안전한 곳으로 날아갔지요.
그런데 정작 먹음직스럽게 보이는 빨간 열매살은 버리고
딱딱해 보이는 씨앗을 두 발로 잡고 콕콕 쪼아 먹었어요.
대충 보고 지나쳤으면 곤줄박이가 정말 좋아하는 게 무엇인지 잘 몰랐을 거예요.

생강나무

주목  곤줄박이

반으로 자른 주목 열매와 씨앗

가을철 새들의 먹이  113

## 팥배나무 꽃과 열매

산수유, 낙상홍, 찔레, 팥배나무처럼 빨간 열매를
맺는 나무들도 봄에 피는 꽃은 거의가 흰색이에요.
그건 나무들이 꾀를 낸 거라고 해요.
곤충들이 흰색은 잘 보지만 빨간색은
잘 못 보거든요. 하지만 새들은 멀리서도
빨간색을 잘 볼 수 있어요.
봄에는 흰 꽃으로 곤충들을 불러들여
수분을 돕게 하고, 가을에는
빨간 열매로 새들을 불러
씨앗을 퍼뜨리려는 거예요.
물론 공짜는 아니에요. 곤충들에게는
맛있는 꿀과 꽃가루를 주고
새들에게는 맛있는 열매를 주니까요.

꽃 여러 개가 모여서 달려요.

팥배나무 꽃

잎 가장자리에는 톱니가 불규칙하게 나 있어요.

열매가 빨갛게 익으면 잎은 노랗게 물들어요.

**수술**
스무 개 남짓이고
번갈아 위아래를
향해 있어요.

**꽃잎**
하얗고 구불구불한
꽃잎이 다섯 장 있어요.

두 개로 갈라진
암술머리

암술머리가
갈라진 꽃에서
맺힌 열매의 씨앗

팥배나무 열매

빨갛게 익은 열매에
밝은색 점이 콕콕
박혀 있어요.

팥배나무 씨앗

## 팥배나무 열매를 먹으러 온 새들

주렁주렁 열린 열매가 빨갛게 익으면
팥배나무 주위가 아주 소란스러워요.
직박구리들이 팥배나무 열매를 지키며
주인 행세를 하거든요.

직박구리

팥배나무 나뭇잎 사이로
되지빠귀 암컷이 보여요.
맛있다고 소문난 팥배나무
열매를 맛보러 왔는데
극성스러운 직박구리 때문에
몰래 열매를 먹나 봐요.

되지빠귀 암컷

되지빠귀 깃털 색처럼 물든
팥배나무 잎 덕분에
직박구리 눈에 띄지 않고
맛있게 열매를 먹을 수 있었어요.

가을철 새들의 먹이   115

## 겨우내 두고두고 먹는 팥배나무 열매

겨울이 되면, 나뭇잎이 모두 떨어지고 붉은 팥배나무 열매만 숲속에 가득해요.
마치 붉은색 안개가 낀 것처럼 보이지요.
팥배나무 열매는 겨우내 새들에게 소중한 먹이예요.

물까치

떼를 지어 온 물까치들이 부리에
저마다 빨간 팥배나무 열매를 물고
산 능선을 넘어 날아가요.
가만히 봤더니 반대편 숲으로
가서 열매를 숨기고 다시 돌아와
또 열매를 따고 있어요.
물까치도 먹이가 부족한 겨울에 먹으려고
팥배나무 열매를 저장한다는 걸 알았지요.

큰부리까마귀

쇠박새

뒷산에 사는 새 가운데 덩치가
가장 큰 큰부리까마귀도
팥배나무 열매를 먹으러 왔어요.
큰부리까마귀가 앉은 나뭇가지가
큰 물고기가 걸린 낚싯대처럼 휘어지네요.

큰부리까마귀가 먹을 땐
작아 보였던 열매가
쇠박새 옆에선 꽤 커 보여요.

겨울이 깊어 가면서 팥배나무 열매도 얼마 남지 않았어요.
개똥지빠귀가 가느다란 가지 끝에 열린 열매를 먹으려다가 휘청하며
미끄러지는데, 재빨리 날갯짓을 해서 겨우 균형을 잡았어요.
새에게 날개가 있어서 참 다행이지요?

개똥지빠귀

흰배지빠귀

직박구리 똥

팥배나무 아래에 떨어진 열매를
찾아 먹는 새들이 있어요.
낙엽을 뒤적거리던 흰배지빠귀가
먹음직스러운 열매를 하나 찾았네요.

하얀 눈 위에 직박구리가 눈 똥이 보여요.
자세히 보니 팥배나무 씨앗이 들어 있어요.
뒷산 여기저기에 팥배나무가
많은 까닭을 알 것 같네요.

가을철 새들의 먹이   117

# 환삼덩굴 씨앗을 물고 날아간 쇠박새

숲 안쪽에서 새소리가 들려요. 새를 더 가까이 보려고 풀숲으로 들어가려는데
팔이 따끔해요. 환삼덩굴 줄기에 나 있는 가시에 긁힌 거예요.
환삼덩굴은 숲 둘레에서 쉽게 볼 수 있는 자생식물이에요.
숲이 파헤쳐진 척박한 곳에서 잘 자라서 외래 식물로 오해를 받기도 해요.
다른 식물을 칭칭 감은 줄기에 날카로운 가시가 있어서
숲을 보호하는 울타리 역할을 하기도 해요.
작은 새들이 숨을 공간도 마련해 주고 씨앗을 좋아하는 새들에게
맛있는 먹이도 주니까, 뒷산의 새들에게는 무척 고마운 식물이에요.

## 환삼덩굴

환삼덩굴은 암꽃, 수꽃이 따로 피는 암수딴포기 식물이에요.

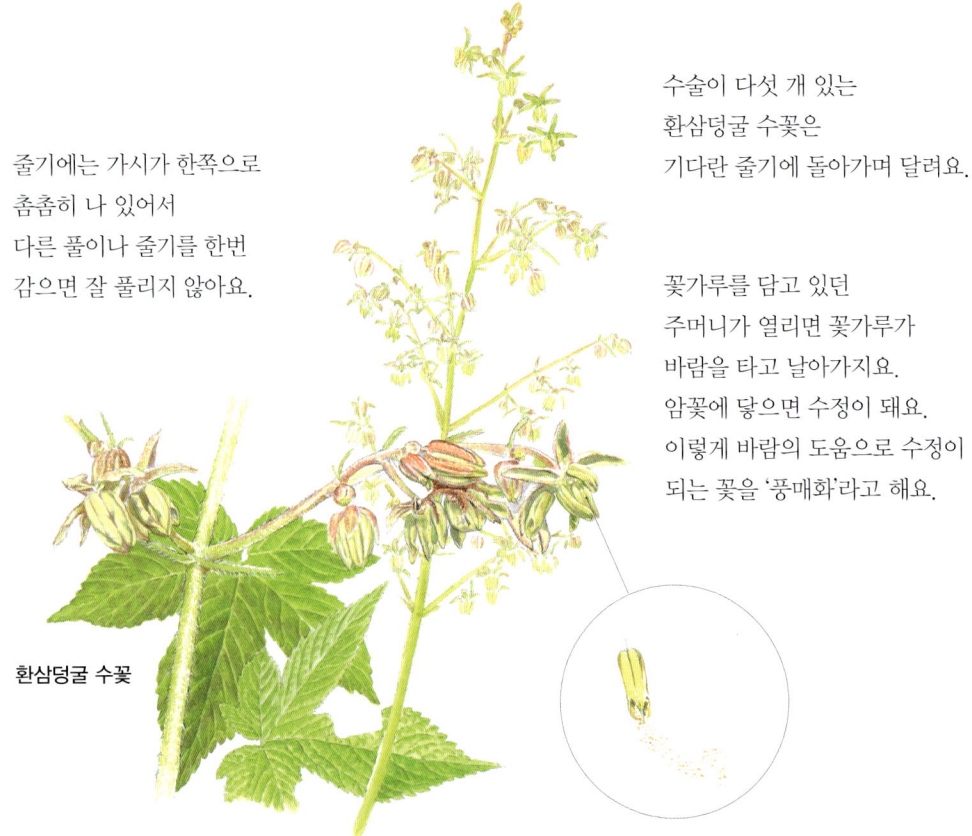

줄기에는 가시가 한쪽으로
촘촘히 나 있어서
다른 풀이나 줄기를 한번
감으면 잘 풀리지 않아요.

수술이 다섯 개 있는
환삼덩굴 수꽃은
기다란 줄기에 돌아가며 달려요.

꽃가루를 담고 있던
주머니가 열리면 꽃가루가
바람을 타고 날아가지요.
암꽃에 닿으면 수정이 돼요.
이렇게 바람의 도움으로 수정이
되는 꽃을 '풍매화'라고 해요.

환삼덩굴 수꽃

환삼덩굴은 밭농사를 짓는 농부들이 무척 싫어하는 식물이라고 해요.
잠시라도 한눈을 팔면 금세 밭작물을 칭칭 감아 버려 작물이 잘 자라지 못하는 데다
억센 줄기와 날카로운 가시 때문에 없애기도 어렵거든요.
이렇게 한 식물을 두고도 바라보는 입장이 다르니
이롭다 해롭다를 정하기 참 힘든 것 같아요.

암꽃이 달린 줄기가
손을 길게 뻗은 것처럼 자라요.
이 풀에서 저 풀로 이어진 환삼덩굴
줄기를 따라 무당벌레나 개미 같은
작은 곤충들도 옮겨 다녀요.

포

수정된 암꽃    씨앗    붉게 변한 포    다 익은 씨앗

암꽃에 꽃가루가 닿아 수정이 되면
씨앗을 여러 겹 싸고 있는 포가 붉게 변하고
씨앗이 갈색으로 익어요.

**환삼덩굴 암꽃**

암꽃에는 꽃잎이 없고
작은 털이 촘촘하게 나 있어서
꽃가루가 잘 달라붙어요.

가을철 새들의 먹이

쇠박새

환삼덩굴 씨앗

## 환삼덩굴 씨앗을 좋아하는 쇠박새

박새나 뱁새도 환삼덩굴 씨앗을 먹지만
환삼덩굴 씨앗을 가장 좋아하는 새는 쇠박새예요.
가느다란 줄기를 잡고 목을 쭉 빼서 씨앗을 따기도 하고
정지비행을 하면서 씨앗을 쏙 빼 먹기도 해요.
가져간 씨앗은 두 발로 잡고 포를 벗겨 낸 뒤에
부리로 콕콕 쪼아 먹어요.
날카로운 가시가 난 줄기를 잡으면
발이 따가울 것 같은데
쇠박새는 아무렇지도 않은가 봐요.

가느다란 줄기를 잡고
한참 동안 실랑이하던
쇠박새가 드디어 포에 싸인
씨앗을 하나 떼어 냈어요.

가까이에 있는
굵은 줄기로 날아가더니
양발로 씨앗을 잡고
부리로 포를 벗겨 내요.

포를 벗겨 냈으니
이제 맛있게 먹겠구나 생각했는데
쇠박새가 갑자기 씨앗을 물고
훌쩍 날아올랐어요.

가을철 새들의 먹이

쇠박새가 씨앗을 물고 날아간 곳은
다른 환삼덩굴 줄기였어요.
쇠박새는 또다시 가느다란 줄기에
곡예하듯 매달렸어요.
이미 부리 속에 씨앗을 하나 물고 있어서인지
이번엔 더 오래 씨름을 하네요.

쇠박새가 한참 동안 애써서
겨우 씨앗을 하나 더 얻었어요.
그러고는 또다시
어딘가로 날아가요.

가까운 나뭇가지로 날아간 쇠박새가
두리번거리더니 나무 틈에
부리를 집어넣고 무언가를 해요.
잠시 뒤 고개를 든 쇠박새 부리에
씨앗이 하나도 보이지 않아요.
아까 물고 있던 씨앗은 다 어디로 간 걸까요?

지난겨울 쇠박새가 먹이대에 와서는
작은 부리로 해바라기 씨 여러 개를
물어 가던 게 생각나요.
쇠박새는 먹이를 저장하는 습성이 있거든요.
아마 쇠박새가 환삼덩굴 씨앗을 어딘가에
숨겨 두었나 봐요.

숲속 여기저기 숨겨 둔 먹이 덕분에
쇠박새는 겨울이 와도
걱정이 없을 거예요.

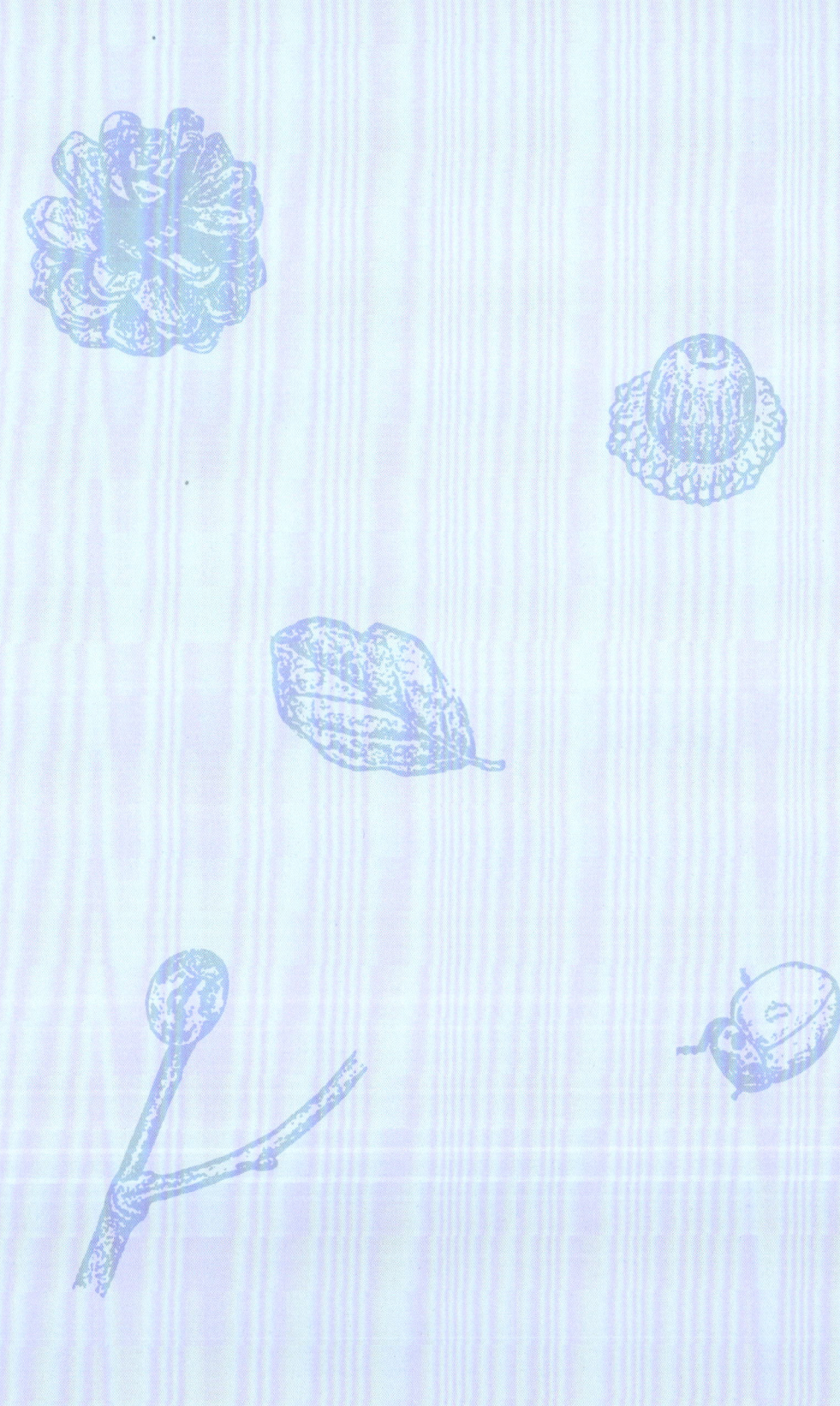

# 겨울철 새들의 먹이

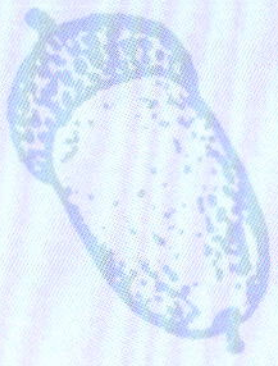

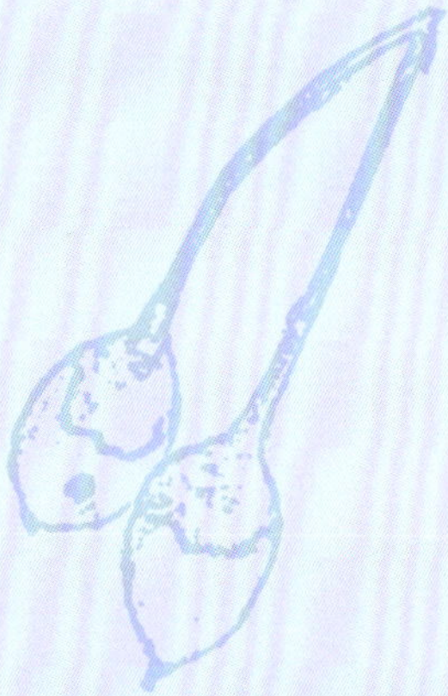

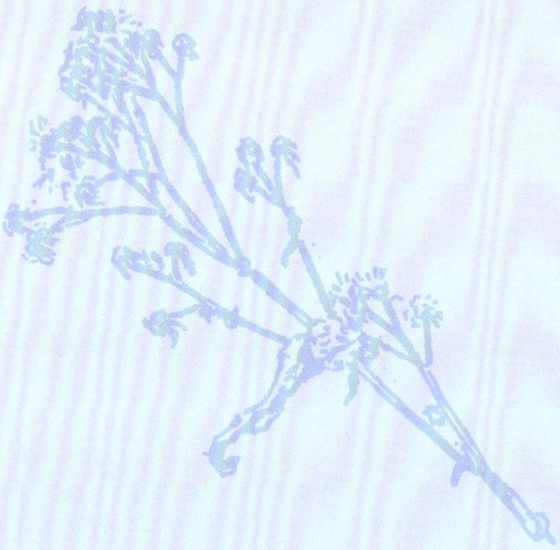

# 먹이를 저장하는 새들

때죽나무

하얀 때죽나무 꽃은
5월쯤 피는데,
모두 아래를 향하고 있어요.

## 곤줄박이가 좋아하는 때죽나무 씨앗

가을에 때죽나무 열매가 열리면
곤줄박이는 열매를 따서 씨앗을 빼 먹고 저장하기 바빠요.
곤줄박이를 보려고 때죽나무 옆에 서 있는데
지나가던 아저씨들이 말했어요.
"어릴 때 때죽나무 열매 껍질을 찧어서
물에 풀어 물고기를 잡았지!"
때죽나무 열매 껍질에는 '에고사포닌'이라는
독성 성분이 있어서 열매 껍질을 빻은 뒤
물에 풀어 물고기를 잡기도 했대요.
곤줄박이들도 씨앗을 빼 먹을 때 조심해야 할 텐데
오랫동안 먹어 왔으니 어련히 알아서 잘하겠지요?

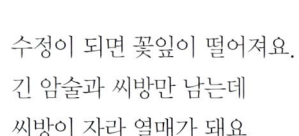

수정이 되면 꽃잎이 떨어져요.
긴 암술과 씨방만 남는데
씨방이 자라 열매가 돼요.

떨어진 꽃잎에
수술이 함께 붙어 있어요.

꽃잎 다섯 장이 떨어져 있는
갈래꽃처럼 보이지만
하나로 붙어 있는 통꽃이에요.

가을이 되면
열매가 갈라지고
갈색 씨앗이 보여요.

## 숨겨 둔 씨앗 찾기

곤줄박이는 때죽나무 씨앗을
양발로 잡고 부리로 콕콕 쪼아 먹어요.
가을에는 여기저기 마땅한 장소를 골라서
씨앗을 숨기느라 바빴던 곤줄박이가
겨울이면 숨겨 둔 씨앗을 찾느라 바빠요.
가끔은 찾아낸 씨앗을 다른 장소로 옮겨서
다시 숨기기도 해요.
표시도 안 해 놓고 어떻게 찾아내는 걸까요?

곤줄박이

찾은 씨앗을 숨기러 리기다소나무 줄기를 찾았어요.
숨기기 전에 '누구 보는 새가 없나?' 하고
두리번거리는 것 같아요.

소나무의 갈라진 틈은
곤줄박이가 씨앗을 숨기기 좋아요.

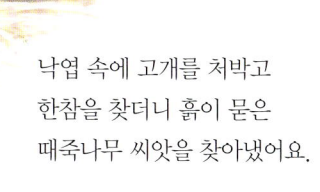

낙엽 속에 고개를 처박고
한참을 찾더니 흙이 묻은
때죽나무 씨앗을 찾아냈어요.

겨울철 새들의 먹이　127

## 쇠박새의 먹이 창고

겨울 숲에는 새들이 먹을 만한 게 별로 없어 보여요.
쇠박새가 나무 구멍 가까이로 날아들었어요.
부리에 해바라기 씨를 물고 있네요.
쇠박새는 구멍으로 들어갔다가
금세 나오더니 다른 곳으로 날아가요.
이 구멍이 쇠박새가 먹이를 저장해 놓는
먹이 창고인가 봐요.
조금 있다가 작은 새 한 마리가 휙 날아오더니
그 구멍 속에 들어갔다가 나왔어요.
아까 그 쇠박새일 줄 알았는데
목까지 이어지는 까만 줄무늬가 있는 박새예요.
쇠박새가 숨긴 해바라기 씨를 박새가 먹었을까요?

박새
배까지 까만 줄이 이어져 있어요.

쇠박새
까만 줄이 없어요.

나무 구멍 속으로
들어간 박새

소나무 씨앗
날개가 있어서 더 멀리 퍼질 수 있어요.

늦가을 쇠박새가 소나무 열매 속에서
씨앗을 꺼내고 있어요.
부리 속에 이미 씨앗 하나를 머금고,
다른 씨앗을 또 꺼내려고 하네요.
씨앗을 꺼내자마자 숲 저편으로 훌쩍 날아갔어요.
솔방울은 습기가 많은 날에는
열매 껍질을 잔뜩 오므리고 있다가
바람이 부는 건조한 날에
열매 껍질을 활짝 벌려서 씨앗을 날려 보내요.

## 동고비의 먹이 저장

쇠박새 말고도 먹이를 저장했다가
나중에 찾아 먹는 새들이 여럿 있어요.
동고비도 먹이를 저장해요.

동고비

동고비가
큼지막한 잣을 하나 물고
숨길 만한 장소를
찾고 있어요.

잣을 나무 구멍에
집어 넣으니,
딱 알맞아요.

잠시 뒤, 숨긴 잣을 다시 꺼내 물었어요.
혹시 내가 지켜보고 있어서
그런가 싶어 괜히 미안해져요.

동고비가 잣을 물고
다른 곳으로 날아가네요.
동고비는 잣을
숨길 만한 곳을 찾았을까요?

겨울철 새들의 먹이

# 어치와 도토리

늦가을, 숲속을 걷는데 도토리 한 알이 떨어져 있어요.
잘 익은 갈색 도토리를 사람이 먼저 발견하면 도토리의 여행은 거기서 끝나지만,
어치가 발견한다면 도토리가 여행할 기회가 더 생길 거예요.
대체 무슨 이야기냐고요?

## 우리 숲의 참나무

도토리는 참나무에서 나는 열매를 말해요. 우리 나라에는 여섯 종류의
참나무가 있는데 잎과 열매 모양에 따라 두 개씩 짝을 지어 구분하면 알기 쉬워요.

| 잎자루가 없고 넓은 잎 | 잎자루가 있고 넓은 잎 | 잎자루가 있고 좁은 잎 |
|---|---|---|
| 떡갈나무 잎 / 신갈나무 잎 | 갈참나무 잎 / 졸참나무 잎 | 굴참나무 잎 / 상수리나무 잎 |

떡갈나무와 신갈나무는
잎자루가 없어요.
떡갈나무는 나뭇잎이
가장 크지만 정작 나무는
작은 편이에요.

갈참나무와 졸참나무는
잎자루가 있고
잎이 넓은 편이에요.
졸참나무는 잎도
열매도 가장 작지요.

굴참나무와 상수리나무는
잎자루가 있고 깃털처럼 생겼어요.
다른 참나무들과 달리 두 나무는
꽃이 핀 이듬해에 열매를 맺어요.

신갈나무 도토리 / 갈참나무 도토리 / 졸참나무 도토리
떡갈나무 도토리 / 굴참나무 도토리 / 상수리나무 도토리

도토리는 길쭉하거나
둥글게 생겼는데
열매를 싸고 있는
깍정이 모양이 다 달라요.
이제 참나무를
잘 구분할 수 있겠지요?

## 도토리를 좋아하는 어치

어치가 높은 참나무 꼭대기에서
도토리를 따서는 숲 반대편으로 날아가요.
왜 힘들게 먼 곳까지 날아가는 걸까요?
아무도 찾지 못할 만한 곳에
몰래 숨겨 두려는 건가 봐요.

어치

틈새가 많은 나무에
도토리를 물고 앉아 있는
어치가 보여요.
도토리 숨길 곳을 찾고 있나 봐요.

어치가 날아가자 날쌘 청설모가
쪼르르 나무를 타고 내려와요.
어치가 머물렀던 곳 여기저기
코를 대고 냄새를 맡아요.
가을엔 도토리를 노리는
동물이 많으니
꽁꽁 잘 숨겨야겠어요.

겨울철 새들의 먹이

## 숨겨 둔 도토리 찾기

오랜만에 뒷산에 하얗게 눈이 왔어요.
눈이 내리면 새들이 마실 물도 넉넉해지고 겨울 가뭄도 덜해서 좋지만,
걱정이 하나 있어요. 안 그래도 숨겨 둔 지 오래되었는데,
어치가 숨겨 둔 도토리를 찾을 수 있을까요?

어치는 이런 걱정을
비웃기라도 하듯
금세 도토리를 찾아냈어요.

찾아낸 도토리를 부리로 물고
안전한 곳으로 날아갔어요.

### 어치가 딱딱한 도토리 먹는 법

먼저 부리로 도토리 껍질을 조금 벗겨 내요. 그런 다음 두 발로 도토리를 잡고
갉아 먹기 시작하는데, 그럼 도토리에 부리 모양으로 홈이 패여요.
그러다 한쪽 귀퉁이가 툭 떨어지면 부리로 잡고 위로 던져서 날름 삼켜요.
다 먹고 나면 부리를 나뭇가지에 쓱싹쓱싹 문질러서 깨끗이 닦지요.
어치는 금세 도토리 한 알을 다 먹고 둘레에서
도토리를 서너 개 더 찾아 먹어요.
저렇게 많이 먹으려면 얼마나 많이
저장해 두어야 할지 궁금해요.

봄이 왔어요.
나무에 새순이 돋아나고 숲 여기저기서
퐁퐁 싹이 움트는 소리가 들려요.
낙엽 사이로 쑥 올라온 초록 잎이 보여요.
가까이 가서 낙엽을 살살 들추니
지난가을, 떨어진 도토리에서 새잎이 나왔네요.
이 도토리는 데굴데굴 굴러서 숨은 걸까요,
아니면 어치가 숨겨 두고 못 찾은 걸까요?

# 겨울철 새들의 소중한 먹이, 들풀

뒷산 둘레를 걷고 있는데 수다스러운 소리가 들려요.
'뷱뷱 뵈뵈뵉 뷰릿뷰릿 비비비빅'
소리는 요란한데 모습은 하나도 보이질 않네요.
작은 나무들 사이 마른 풀들이 이리저리 엉켜 있는 곳에서 들려오는 것 같아요.
한참을 살펴보니 작은 구멍 속에서 작은 새 한 마리가
고개를 빼꼼 내밀고 둘레를 살피고 있어요.
작고 몽톡한 부리에 오목한 까만 눈, 불그스레한 머리.
바로 '붉은머리오목눈이'라고도 불리는 뱁새예요.

### 뱁새들의 먹이 찾기

뱁새들이 무리 지어 먹이를 찾아 나섰나 봐요.
둘레를 살피던 녀석이 안전하다고 생각했는지
작은 날개를 팔랑거리며 길을 건너 다른 쪽 덤불로 날아가요.
그 뒤를 잇달아 수십 마리가 옮겨 가느라 숲길에 한바탕 소란이 일었어요.
덤불 속에 들어가서도 잠시도 가만있지를 않고
왁자지껄하게 움직이며 먹이를 찾아요.
가는 나뭇가지를 오르락내리락하고, 풀 줄기를 잡고 늘어졌다가
바닥에 내려앉아 낙엽을 뒤적거리기도 하고
다시 뛰어올라 작은 부리로 나무 줄기를 앙 깨물기도 하지요.

뱁새

## 뱁새들이 먹는 여러 풀씨

뱁새들은 봄부터 가을까지 주로 작은 벌레들을 잡아먹지만
겨울이 되어 벌레를 더 이상 찾기 힘들면 다른 먹이들을 찾아요.
높은 나무보다는 낮은 덤불 속에서 풀이나 덩굴식물들의 씨앗을 찾아 먹어요.

뱁새가 나뭇가지 사이로 자란
쇠무릎 씨앗을 한 개 따서
물고 있어요. 풀씨 가까이에
나뭇가지가 있으면 올라앉아
편하게 먹을 수 있어서 좋아요.

쇠무릎

바닥에 쌓인 낙엽 속에 숨은 작은 벌레나 풀씨를 찾아 먹어요.
주름조개풀 씨앗은 뱁새가 좋아하는 먹이예요.

주름조개풀

쓰러진 아까시나무에 달린
열매에 매달려
씨앗을 빼 먹고 있어요.
작고 몽톡한 부리로 꽉 깨물면
단단한 열매 꼬투리도
쉽게 벗겨 낼 수 있어요.

아까시나무

세 갈래로 얇게 갈라진
마 열매 속에 숨어 있는
얇은 씨앗도 잘 찾아 먹어요.

마

뱁새가 서양등골나물 줄기에 매달려
씨앗을 먹어요. 한참 먹더니
잡고 있던 풀 줄기를 놓고 휙 날아가요.
당겨졌던 줄기가 제자리로 탁 튕기면서
풀씨가 공중으로 퍼졌어요.
뱁새 덕분에 씨앗털이 하늘하늘
바람을 타고 멀리 날아가요.
뱁새가 씨앗 먹은 값을 했네요.

서양등골나물

겨울철 새들의 먹이

## 뱁새가 강아지풀 씨앗을 먹는 법

어느 날 뱁새가 강아지풀을 먹는 장면을 보았어요.
보통은 강아지풀 옆에 있는 다른 식물 줄기를 잡고 올라서서 먹는데
그 강아지풀은 키가 너무 컸어요.
뱁새는 다리가 짧아 풀씨에 안 닿아요.
그럼 짧은 날개로 물총새처럼 정지비행을 하면서 풀씨를 먹을까요?
아니면 휙 날아가며 씨앗 하나를 탁 낚아챌까요?
길고 가느다란 줄기에 붙은 강아지풀 씨앗을 어떻게 먹을까 궁금했는데
뱁새가 먹는 걸 지켜보다가 그 꾀에 깜짝 놀랐어요.

목표로 삼은 강아지풀을
어떻게 먹을지 1초쯤
고민해요.

강아지풀

다리와 고개를 쭉 빼고
강아지풀 줄기를
부리로 살짝 물어요.

강아지풀 씨앗이 있는
부분을 끌어 내려요.

한쪽 발로 강아지풀 줄기를
지그시 눌러요.

잘 여문 강아지풀 씨앗을
골라 부리로 따 내요.

이제 맛있게 먹어요.

겨울철 새들의 먹이

## 잡초의 왕 바랭이

작업실 뒤뜰에서 풀씨를 먹고 있는 노랑턱멧새들을 봤어요.
그런데 한 마리가 조금 다르게 생겼어요.
번식지에서 겨울날 곳으로 날아가다 뒷산에 잠시 들른 흰배멧새였습니다.
먼 길을 날아오느라 힘들었을 텐데 아무것도 없어 보이는 땅바닥에서
먹이를 찾고 있으니 걱정이 됐어요.
쌍안경으로 자세히 보니 땅 위로 살짝 돋아난 풀씨를 뜯어 먹는데,
바로 '잡초의 왕'이라고 불리는 바랭이예요.
벼과 한해살이 식물인 바랭이는 한번 밭에 나기 시작하면
좀처럼 없애기 어렵다고 농부들이 붙인 별명이래요.
그래도 바랭이는 먼 여행길에 지친 흰배멧새에게
소중한 먹이가 되어 주고 있어요.

텃새인 노랑턱멧새는 새끼들을 키우는 봄에는
영양가가 높은 곤충이나 애벌레를 먹지만,
늦가을부터는 숲 바닥을 훑으며
여러 가지 풀씨를 먹고 살아요.

노랑턱멧새가 들깨를 먹어요.
작은 들깨 한 알을 혀에 올려놓고 살살 돌려요.
부리를 움직이니, 얇은 껍질이 벗겨져요.
작은 깨알에 붙은 껍질까지 벗겨 먹다니
노랑턱멧새도 꽤 미식가인가 봐요.

노랑턱멧새 수컷이 쓰러진 풀 줄기를 잡고
키가 쑥 자란 바랭이 씨앗을 먹고 있어요.

**노랑턱멧새
수컷**

## 한겨울 새들을 살리는 풀씨

뒷산에 눈이 왔어요. 소복하게 쌓인 흰 눈은 예쁘지만
숲 바닥에 떨어진 열매나 풀씨를 찾아 먹는 새들은 눈 때문에 힘들어져요.
그나마 쌓인 눈 위로 고개를 삐쭉 내밀고 있는
들풀이 있어서 다행이에요.

노랑턱멧새가 고개를 쑥 빼고 서양등골나물 씨앗을 먹고 있어요.
서양등골나물은 국화과의 여러해살이풀이에요. 북미에서 들어와
우리 나라에서 자라게 된 외래 식물인데, 우리 식물 생태계를
어지럽힌다고 사람들에게 미움받고 있어요.

서양등골나물

노랑턱멧새

쇠무릎

노랑턱멧새 암컷이 쇠무릎 씨앗을 먹고 있어요. 쇠무릎은 비름과의 여러해살이풀이에요. 마디가 소의 무릎을 닮았다고 쇠무릎이라는 이름이 붙었대요.

주름조개풀

노랑턱멧새가 눈 위에 떨어진 주름조개풀 씨앗을 주워 먹고 있어요.
주름조개풀 씨앗은 긴 까락*이 있는데 다 익으면 그곳에 점액이 생겨서 옷에 잘 붙어요.
가을에 풀숲을 지나면 바지에 다닥다닥 붙은 주름조개풀을 쉽게 볼 수 있어요.
주름조개풀 씨앗은 뱁새나 다른 멧새과 새들도 아주 좋아하는 먹이예요.
*까락 : 낟알 껍질에 붙은 깔끄러운 수염.

노랑턱멧새는 포에 싸여 있는 닭의장풀 씨앗도 잘 꺼내 먹어요.

닭의장풀

겨울철 새들의 먹이　143

### 쓸모없다고 잡초라고 불리는 들풀

지난봄부터 가을까지 뒷산에서 요란한 제초기 소리가 자주 들렸어요.
시끄러운 소리를 내며 기계로 풀을 베고 있는 아저씨들한테
왜 이렇게 풀을 모조리 베어 버리는지 물었어요.
사람들이 등산로 주변 풀들이 보기 싫으니 베어 달라고 해서 어쩔 수 없다는 거예요.
사람들에겐 쓸모없는 풀이니 깔끔하게 베어 내는 게 보기 좋겠지요.
하지만 가을에 먼 길을 가다 지쳐 뒷산을 찾은 새들이나
겨울철 먹을 게 부족한 새들을 생각하면 그대로 놔두는 게 좋지 않을까요?
사람들이 없애려고 하는 풀들이 새들한테는 겨울나는 데
꼭 필요한 소중한 먹이니까요.

지난가을 여러 들풀들이 마구 섞여 피어났어요.
들풀은 벌레들에게 먹이가 되고 집이 되어 주어요.
산새는 그 벌레들을 잡아먹고 살고요.
무성하게 자란 들풀은 작은 산새들이 천적을 피해 숨을 곳이 되어 주고
먹이가 부족한 겨울에는 풀에 맺힌 씨앗이 새들에게 소중한 먹이가 되지요.
사람들은 보기 싫은 잡초라고 쓸모없게 여길지라도
들풀은 자연 속에서 묵묵히 제 역할을 다하고 있어요.

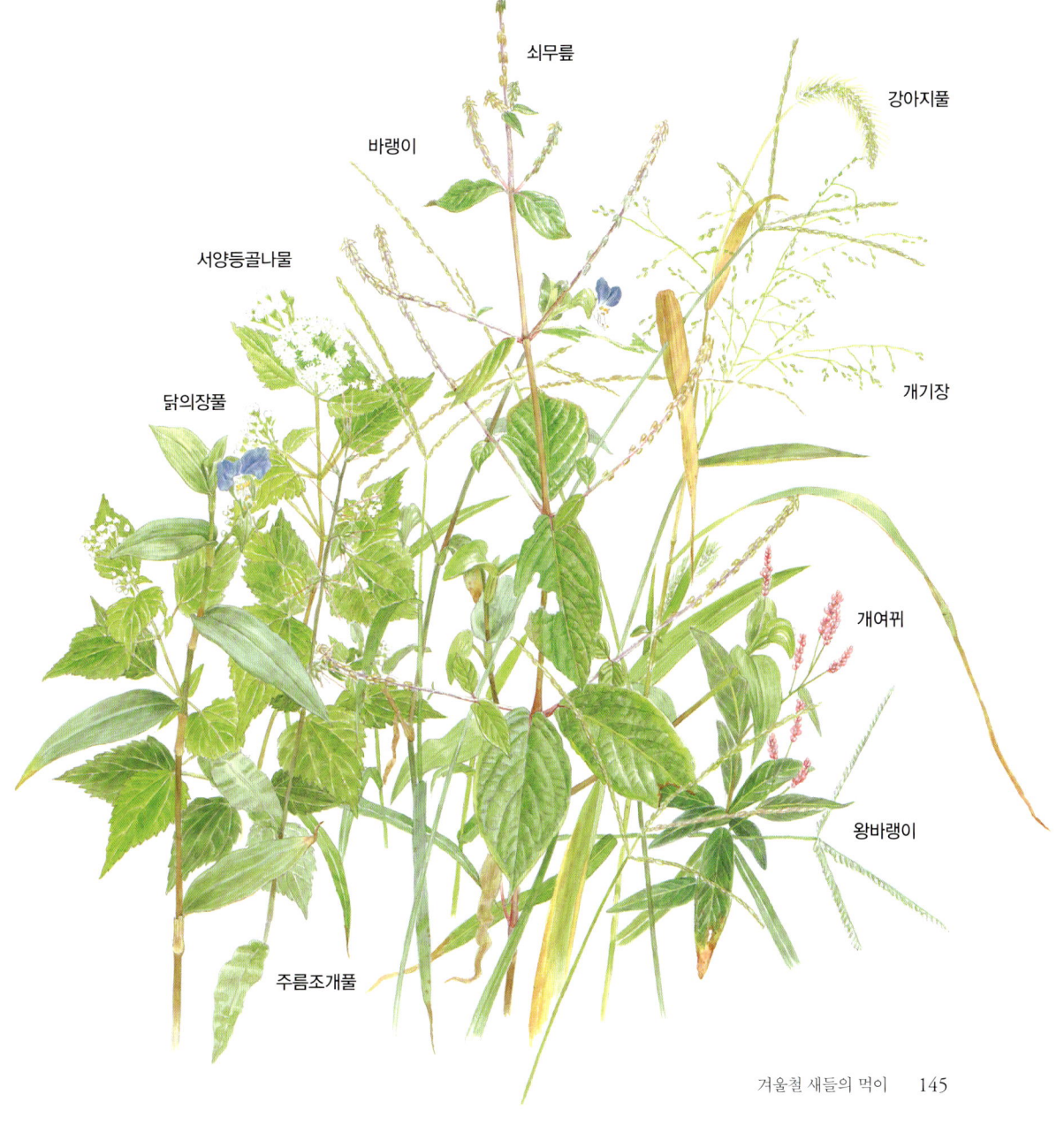

겨울철 새들의 먹이

# 낙엽 속 보물찾기

뒷산 등산로를 걷는데 숲속에서 부시럭 바스락 소리가 들려요.
발걸음을 멈추고 가만히 귀 기울여 보니 한두 군데서 나는 소리가 아니에요.
누가 뭘 잃어버린 건지, 숨겨 놓은 보물을 찾기라도 하는 건지 궁금했어요.
자세히 보니 바로 새들이 낙엽을 뒤적거리는 소리였지요.
새들이 찾고 있는 게 도대체 뭘까요?

### 낙엽 속 먹이를 찾는 새들

등산로 바로 옆에서
낙엽 속에 머리를 넣고 있는 까치가 보여요.
잠시 뒤 쳐든 머리를 보니
부리에 잡힌 애벌레가 보이네요.
먹이를 찾느라 사람들이 가까이
다가가는 것도 몰랐나 봐요.

까치

굴뚝새가 낙엽 속을 돌아다니며 발을 살살 굴려요.
낙엽 속에 숨어 있던 대륙게거미가 낙엽 위로 달아났어요.
바로 그때 굴뚝새가 긴 부리로 냉큼 낚아챘지요.
굴뚝새는 통통한 몸이나 짧은 날개에 견주어
부리와 발이 긴 편이에요.
낙엽 더미를 헤치며 돌이나 나무 틈에 숨은
거미나 집게벌레들을 잘도 잡아내지요.

굴뚝새

노랑지빠귀가 낙엽 속에서 먹이를 찾고 있어요.
겨울잠을 자던 딱정벌레가 잡아먹히고 말았네요.
나무 둘레에 떨어진 열매를 찾던 노랑지빠귀에게는
특별한 간식이 되겠는걸요.

노랑지빠귀

겨울철 새들의 먹이

## 또르르, 낙엽 속으로 굴러간 애벌레를 찾아라

쇠박새와 진박새가 주로 나무 위쪽에서 먹이를 찾는다면
박새는 주로 나무 아래쪽에서 먹이를 찾아요.

박새가 나무껍질 속에 숨은 벌레를 찾으려고
껍질을 떼어 내는 순간, 애벌레가 아래로 떨어지더니
또르르 굴러 낙엽 속으로 도망가 버렸어요.
애벌레한텐 다행스러운 일인데
먹이를 놓친 박새는 어쩌지요?

박새

박새가 포기하지 않고
자기 몸집만 한 낙엽을
부리로 물어 치우면서 애벌레를 찾아요.
박새는 애벌레를 찾을 수 있을까요?

낙엽 몇 개를 들춰내더니
드디어 애벌레를 찾았어요.
그런데 애벌레가 좀 달라 보이네요.
아까 굴러떨어진 애벌레가 아닌 것 같아요.
뭐, 상관없어요. 힘들게 찾았으니
맛있게 먹으면 되는 거지요.

겨울철 새들의 먹이

## 낙엽 속에서 겨울나는 벌레들

낙엽 속이 궁금해서 새들을 따라 낙엽 속 보물찾기를 해 보기로 했어요.
박새가 낙엽을 부리로 물어 던지듯이 손으로 하나하나 걷어 냈더니,
정말 낙엽 속에 보물이 있었어요.
새들이 하루 종일 낙엽을 뒤적거리는 까닭을 알 것 같아요.

낙엽 뒷면엔 노랑무당벌레가
붙어 잠들었네요.

초록색 멸구류 약충은
겨울을 무사히 나고
성충이 될 수 있을까요?

멸구류 약충

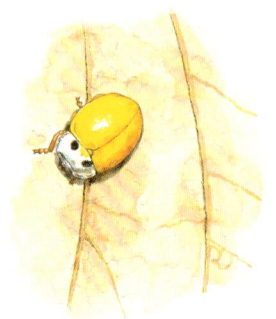

노랑무당벌레

낙엽을 들출 때 굴러떨어진 걸까요?
우리가시허리노린재가 낙엽 사이에 벌러덩 누워 있어요.
다 관찰한 뒤에 다시 낙엽 이불을 덮어 주었어요.

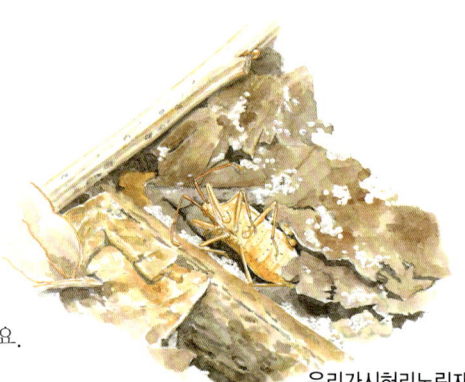

우리가시허리노린재

고마로브집게벌레

낙엽 사이에서 잠든
고마로브집게벌레가 보여요.
추운 날씨 때문에
낙엽 사이사이에 서리가 끼었네요.
입김이라도 '호' 하고
불어 주고 싶었어요.

금방이라도 날아갈 것처럼 보이는 파리는
깊은 겨울잠에 빠졌는지 움직이지 않아요.

파리

**톱다리개미허리노린재**

톱다리개미허리노린재가 낙엽과 낙엽 사이에
얼굴을 숨기고 잠들어 있네요.
뾰족뾰족 가시가 난 우람한 뒷다리를 보고
곧바로 알 수 있어요.

등에 애벌레류

등에 애벌레류가 낙엽
넓은 면에 꼭 붙어 있어요.

**하얀 나방**

낙엽 뒤쪽에 하얀 나방이 붙어 있어요.
언뜻 보면 벌레 먹은 것처럼
보이기도 해요.

## 나무에 숨어 있는 벌레를 찾는 새들

겨울이 되면 거미줄을 치거나 나뭇잎 위를
깡충거리며 다니는 거미들은 볼 수 없고
나무 틈이나 낙엽 속에
숨은 거미들만 볼 수 있어요.

상모솔새가 돌돌 말린 가랑잎에
숨어 있던 거미를 잡았어요.

상모솔새

쇠딱다구리

나무를 오르던 쇠딱다구리가
틈새에 숨어 있는 거미를 잡았어요.
힘들게 구멍을 뚫지 않고
먹이를 잡아서 기분이 좋겠는걸요.

드물게 찾아오는 겨울 철새인 나무발발이도
나무줄기를 오르며 먹이를 찾고 있어요.
쇠딱다구리가 지나간 나무라도 괜찮아요.
왜냐하면 나무발발이의 부리는 쇠딱다구리 부리보다
더 얇고 길거든요. 그래서 더 깊고 좁은
틈 속에 있는 먹잇감도 잡을 수 있어요.

나무발발이

딱다구리들이 나무를 오르며 먹이를 찾는다면
동고비는 나무 위에서 거꾸로 내려오면서 먹이를 찾아요.
똑같은 곳도 다른 방향에서 보면 아주 새롭고 다르게 보이거든요.
그러니 딱다구리들이 놓친 먹이도 찾을 수 있겠지요?

동고비

위에서 내려오던 동고비가 잠시 멈췄어요.
그런데 그 바로 옆에 나방 한 마리가
나무껍질인 척하며 숨어 있네요.
동고비는 나방이 숨어 있는 걸 알아챘을까요?

동고비가 그냥 지나치나 했는데
나방이 숨은 걸 알아챘어요.
동고비에게는 좋은 일이지만
나방에게는 안타까운 일이에요.
나방이 불쌍하지만
동고비도 살아야 하니 어쩔 수 없지요.

겨울철 새들의 먹이

## 겨울나는 고치를 발견한 어치

눈 내린 겨울, 어치 한 마리가 가느다란 나뭇가지로 날아왔어요.
나뭇가지 끝에는 노랑쐐기나방이 만들어 놓은 고치가 달려 있었지요.
겨울을 나고 봄이 되면 나방이 돼서 날아갈 텐데
그만 어치에게 들킨 거예요.

어치는 가느다란 나뭇가지를
발로 움켜잡고 부리로 고치를
떼어 내려고 해요.
그런데 그 억센 부리로도
잘되지 않아요.

어치

노랑쐐기나방 고치

어치는 아예 고치가 달린
나뭇가지를 부리로
툭 끊어서 물어요.

어치가 굵은 가지로 옮겨 앉아
발로 나뭇가지를 잡고 부리로
고치를 떼어 내려고 해요.
얼마나 단단하게 붙어 있는지
좀처럼 떨어지지 않아요.

어치가 한참을 씨름하더니
겨우 고치를 떼어 냈어요.
도토리를 먹을 때처럼
고치를 발로 잡고 쪼아 먹으려나 했지요.
그런데 어치는 고치가 너무 단단해서
쉽지 않다고 생각했는지,
아니면 떼어 내느라
너무 힘을 써서 귀찮아졌는지
그냥 통째로 꿀꺽 삼켜 버렸어요.

노랑쐐기나방은 애벌레 상태로
고치를 만들고는 겨울을 나요.
고치 안에서 번데기가 되었다가
6월쯤 성충이 되어서
고치 윗부분을 자르고 나와요.

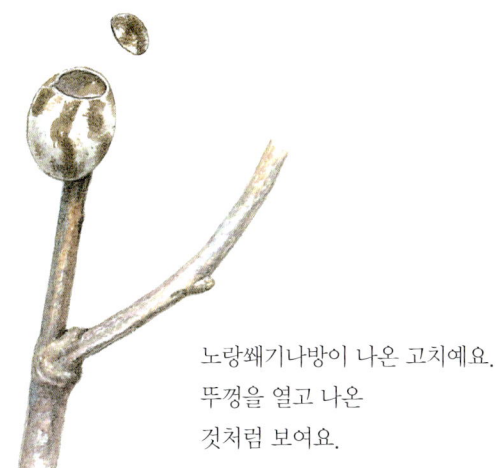

나뭇가지에
단단하게 붙은
노랑쐐기나방 고치

노랑쐐기나방이 나온 고치예요.
뚜껑을 열고 나온
것처럼 보여요.

겨울철 새들의 먹이

# 새들에게 소중한 물

실컷 뛰어놀다 보면 목이 말라요. 그럴 때 마시는 물은 정말 달고 시원하지요.
물은 모든 생명이 살아가는 데 꼭 필요해요.
새들은 벌레나 열매 같은 먹이에서 필요한 수분을 어느 정도 얻기 때문에
물이 조금 부족해도 살아갈 수 있어요.
하지만 땀샘이 없는 새들은 더운 여름날 체온을 조절하거나
깃털을 깨끗하게 하기 위해서라도 물이 꼭 필요해요.

## 나무 수액을 먹는 새들

새들은 여기저기 고인 빗물을 찾아 마시고는 하지만,
그렇다고 비가 올 때까지 마냥 기다리기만 하는 건 아니에요.
이른 봄, 딱다구리들은 단풍나무에 구멍을 콕콕콕 뚫어서 흘러나온 달콤한 수액을 먹어요.
껍질이 단단한 단풍나무에 구멍을 뚫어 준 딱다구리들 덕분에
다른 새들도 맛있는 수액을 먹을 수 있어요.

오색딱다구리가 단풍나무
줄기를 돌아가며 구멍
여러 개를 뚫고 있어요.

**오색딱다구리**

**박새**

수액을 더 먹고 싶은 박새가
단풍나무에 난 상처를
더 벌리려고 해요.

**쇠박새**

쇠박새가 정지비행을
하며 혀를 내밀어서
수액을 먹고 있어요.

**진박새**

진박새가 담쟁이덩굴을
움켜잡고 수액을
먹고 있어요.

**동고비**

나무를 잘 타는 동고비는
억센 발톱으로 매끄러운 단풍나무를
꽉 움켜쥐고 느긋하게 수액을 먹어요.

겨울철 새들의 먹이    157

## 고인 물을 찾아서

비가 오고 나면 숲 여기저기에 빗물이 고여요. 새들은 용케 그걸 찾아내요.

**청딱다구리**

청딱다구리가 나무 구멍에
고인 물을 찾았어요.

넓적한 일본목련 잎에
빗물이 고였어요.
작은 새는 목욕도 할 수 있겠는걸요.

## 쌓인 눈이 그대로 옹달샘으로

빗물은 금세 땅속으로 스며들어 없어지지만, 눈은 한참 동안 남아 있으니까 오랫동안 새들의 갈증을 달래 줄 수 있어요.

쇠박새가 낙엽에 쌓인
눈을 먹고 있어요.

노랑지빠귀가 나뭇가지에
쌓인 눈으로 갈증을 달래요.

**쇠박새**　　　　　　　　**노랑지빠귀**

노랑턱멧새 부리에
눈이 잔뜩 묻어 있어요.

**노랑턱멧새**

## 가문 날, 물을 찾아내는 똑똑한 새

어느 집 보일러 연통에
직박구리들이 모여 있어요.
무엇 때문일까요?
연통에서 나오는 따뜻한 열기와
찬 공기가 만나 물이 맺히거든요.
영리한 직박구리들이
좋은 샘을 찾았네요.

**직박구리**

## 물이 말라 버린 뒷산에서

몇 해 전만 해도 우리 동네 뒷산엔 물이 아주 많았어요.
한 해 내내 마르지 않는 골짜기 물과 가재가 사는 물웅덩이가 군데군데 있었어요.
약수터에서는 약수가 콸콸 나오고 흘러내린 물이 고여 자박자박한 물웅덩이도 생겼지요.
그런데 가뭄이 심해져 골짜기와 물웅덩이가 하나씩 말라 버리더니
약수터 물까지 다 말라 버렸어요.
물이 말라 버린 뒷산에서 새들은 어떻게 물을 구할까요?

바위가 움푹 팬 자리에
물을 부어 주었더니
까치가 날아와서 맛있게 먹어요.

까치

새들을 위해 누군가
놓아 둔 물그릇

비가 오랫동안 내리지 않으면 걱정스러운 마음에 물을 따로 가져와 부어 주곤 했어요.
어느 날 물을 부어 주러 간 곳에서 누군가 놓아 둔 물그릇을 보았어요.
'나 말고도 누군가 새들을 걱정해 주는 사람이 있구나' 하는 생각에 마음이 따뜻해졌어요.
비가 충분히 내려서 뒷산에 새들이 좋아하는 물웅덩이가 다시 생겼으면 좋겠습니다.

뒷산에서
만난 새들

___

새 이름
가나다로
찾아보기

___

먹이 이름
가나다로
찾아보기

**수리목 | 수리과**

# 새매 | 텃새, 겨울철새

가을에 뒷산에 찾아와 겨울을 나는 맹금류예요.
수컷은 '난추니', 암컷은 '익더귀'라고 불리기도 해요.
암컷이 수컷보다 훨씬 덩치가 커요.
그동안 겨울 철새로만 알려졌었는데
2015년 처음으로 우리 나라에서 번식이 확인됐어요.
작은 새를 주로 잡지만 좀 더 큰 직박구리나
멧비둘기도 잡아먹어요.
새매가 나타나면 작은 새들이 경계음*을 내기도 해요.
우거진 가지 사이로 날쌔게 날아다니며 새들을
사냥하는데, 이따금 까치나 까마귀 무리에
쫓기는 모습을 봤어요.

*경계음
  뜻밖의 사고가 생기지 않도록 조심하라고 알리는 소리.

**뒷산에서 만난 새들**

**비둘기목 | 비둘기과**

# 멧비둘기 | 텃새

산비둘기라고도 불러요.
주로 풀씨나 곡물, 열매 같은 식물성 먹이를 먹는데
특히 미국자리공 열매를 좋아해요.
나무 위에 얇은 나뭇가지를 대충 걸쳐서
허술한 둥지를 만들고 두 개의 알을 낳아요.
어설프게 만든 둥지 탓에
갓 깨어난 새끼들이 둥지에서 잘 떨어져요.
모이주머니에서 분비되는
비둘기 젖을 새끼에게 먹여 키워요.

**올빼미목 | 올빼미과**

# 솔부엉이 | 여름 철새

크기는 까치만 해요.
키 큰 나무에 난 구멍을 둥지로 쓰거나,
까치 둥지를 빌려 써요.
'우우 우우' 하고 두 음절로 소리를 내요.
낮에는 나무에서 쉬거나 잠을 자고,
주로 밤에 사냥을 해요.
나방 같은 날벌레나 딱정벌레들을 잡아서
나뭇가지로 돌아와 한쪽 발로 잡고 뜯어 먹어요.
발에 솔잎처럼 생긴 길고 뺏뺏한 털이 나 있어
먹이를 잘 잡을 수 있어요.

**칼새목 | 파랑새과**

# 파랑새 | 여름 철새

해를 등지고 보면 깃털이 까맣게 보이지만
햇빛을 받으면 파란색, 보라색, 초록색 깃털이 보여요.
서양에서는 날개에 있는 하얀 무늬의 크기가
1달러짜리 동전과 비슷하다고 해서
'달러 버드(dollar bird)'라고 부르기도 해요.
높은 나무에 난 딱다구리 둥지나
까치 둥지를 빌려 써요.
'꽥꽥꽥꽥' 하는 요란한 소리를 내며 날아다녀요.
몸에 견주어 크고 긴 날개로 날벌레들을 쫓아가
넙적하고 큰 부리로 잡아먹어요.

뒷산에서 만난 새들

**딱다구리목 | 딱다구리과**

# 쇠딱다구리 | 텃새

우리 나라에 사는 딱다구리 가운데
크기가 가장 작아요.
수컷의 옆머리에 빨간 깃털이 있지만,
다른 깃털에 가려서 보통 때는 잘 보이지 않아요.
'찌르르르' 하고 자전거 종 같은 소리를 내며
나무를 올라요.
뒷산에선 주로 죽은 물오리나무에 구멍을 뚫고
둥지를 만들어요. 큰 나무의 껍질 틈에 숨어 있는
벌레를 잡거나 작은 나뭇가지 속에 숨어 있는
애벌레를 부리로 쪼아 혀로 꺼내 먹어요.
층층나무 열매나 고욤도 잘 먹어요.

뒷산에서 만난 새들

**딱다구리목 | 딱다구리과**

# 큰오색딱다구리 | 텃새

크기는 오색딱다구리보다 조금 더 커요.
배에 까만 점무늬가 있어
오색딱다구리와 구별할 수 있어요.
오색딱다구리와 비슷한 소리를 내지만
조금 더 묵직하고 둔탁해요.
뒷산에서는 주로 참나무에 구멍을 뚫고
둥지를 만들어요.
부리로 나무에 구멍을 뚫고 긴 혀를 집어 넣어서
숨어 있는 딱정벌레 애벌레를 잡아먹어요.
수컷은 머리 전체에 빨간 깃털이 나 있어
빨간 베레모를 쓴 것처럼 보여요.

**딱다구리목 | 딱다구리과**

# 오색딱다구리 | 텃새

숲이나 도심 속 공원에서 가장 쉽게 볼 수 있는
딱다구리예요. 수컷은 뒤통수에 빨간 깃털이 나 있어
암컷과 구별할 수 있어요.
'빽 빽' 소리를 내며 나무를 올라요.
뒷산에서는 주로 아까시나무에
구멍을 뚫고 둥지를 만들어요.
부리로 나무에 구멍을 내고 나무속 먹이를 찾아요.
열매를 먹을 때는 나무 틈에 끼워 놓고 부리로 쪼아 먹어요.
번식기에는 주로 나뭇잎 사이에 숨어 있는
날벌레나 애벌레들을 잡아와 새끼에게 먹여요.
단단한 단풍나무를 쪼아 흘러나오는 수액을 먹는데,
덕분에 작은 산새들도 수액을 맛볼 수 있어요.

**딱다구리목 | 딱다구리과**

# 청딱다구리 | 텃새

뒷산에 사는 딱다구리들 가운데 가장 크기가 커요.
주로 참나무나 아까시나무에
구멍을 뚫고 둥지를 만들어요.
'께께께께께께!' 하며 큰 소리를 내고, 부리로
나무를 두드리는 드러밍을 하며 짝을 찾아요.
나무에 구멍을 내고 애벌레를 잡거나 땅에서
개미집을 찾아 개미나 개미 알을 꺼내 먹어요.
겨울에는 나무 구멍 속에 숨어 있는 벌이나 개미,
딱정벌레들을 찾아 혀로 꺼내 먹어요.
다른 딱다구리들과 다르게 잡은 먹이를 먹은 다음,
둥지로 돌아와 도로 토해서 새끼에게 먹여요.

뒷산에서 만난 새들

**매목 | 매과**

# 새호리기 | 여름 철새

봄에 뒷산을 찾아와 번식하는 맹금류예요.
크기는 직박구리만 해요. 높은 나무에 있는
까치 둥지를 빌려서 둥지로 써요.
작은 새를 잡거나 날벌레들을 잡아먹어요.
새끼들이 둥지를 떠나는 여름이 되면
주로 잠자리를 잡아서 먹여요.
수컷이 사냥한 먹이를 공중에서
암컷에게 건네주면 암컷은 부리로 찢어서
새끼들에게 골고루 먹여요.

뒷산에서 만난 새들

**참새목 | 꾀꼬리과**

# 꾀꼬리 | 여름 철새

키가 큰 활엽수에 Y자로 갈라진
나뭇가지를 골라 나무껍질이나 다른 재료들을
엮어 밥그릇 모양의 둥지를 만들어요.
짝을 찾을 때는 아름다운 소리로 노래하지만,
평소에는 '쿠에엑' 하는 괴상한 소리를 내기도 해요.
애벌레나 작은 딱정벌레를 먹여 새끼들을 길러요.
버찌나 오디 같은 열매를 먹이기도 해요.

**참새목 | 까마귀과**

# 어치 | 텃새

산까치라고도 불러요.
도토리나 밤을 좋아해서 가을 무렵 숲 여기저기에
저장을 했다가 먹이가 떨어지면 찾아 먹어요.
먹이를 아주 많이 숨기는데 숨긴 곳들을 어떻게
다 기억해서 찾아 먹는지 신기해요.
가끔 못 찾은 열매는 운 좋게 싹을 틔워서
씨앗을 퍼뜨려 주는 역할도 해요.
소리 흉내를 잘 내서 까마귀나
고양이 소리를 흉내 내기도 해요.

**참새목 | 까마귀과**

# 물까치 | 텃새

크기는 까치보다 작아요.
검은 두건을 쓴 듯한 머리에
옅은 하늘색의 긴 꼬리를 가지고 있어요.
꽥꽥거리며 무리 지어 다녀요.
팥배나무 열매나 산수유,
고욤 열매들이 익으면 몰려가서
부리로 딴 다음, 다른 곳에 가서 숨겨 두곤 해요.
뻐꾸기류(두견이과 새)가
물까치 둥지에 탁란을 하기도 해요.

뒷산에서 만난 새들

**참새목 | 까마귀과**

## 까치 | 텃새

아까시나무처럼 키가 큰
나무 꼭대기에 둥지를 만들어요.
나뭇가지를 엮고 진흙을 발라
튼튼하게 지어서 센 바람에도 끄떡없어요.
둥지 안은 은사시나무 속껍질이나
동물들의 털 같은 것으로 꾸며요.
까치들이 쓰고 난 둥지를 파랑새나 새호리기 같은
여름 철새들이 사용해요.
맹금류가 나타나면 무리 지어 쫓아내기도 해요.

뒷산에서 만난 새들

**참새목 | 까마귀과**

## 큰부리까마귀 | 텃새

뒷산에 사는 텃새 가운데 가장 덩치가 커요.
사나운 맹금류인 참매도
큰부리까마귀한테 쫓겨나곤 해요.
힘이 세서 꽤 굵은 나뭇가지를 부리로 잡고
부러뜨리는 걸 보기도 했어요.
까마귀는 반짝이는 걸 좋아해서
은수저나 보석을 물어다 둥지 안에
모아 두기도 한대요.
외국에서는 그걸 찾아다니는 사람들도 있다고 해요.
뒷산의 큰부리까마귀 둥지에는
무엇이 있을지 궁금해요.

**참새목 | 박새과**

# 진박새 | 텃새

쇠박새보다 조금 더 작아요.
박새와 아주 닮았는데
가슴에 검은 줄무늬가 없어요.
진박새는 침엽수가 있는 곳에서 주로 봤어요.
작고 뾰족한 부리로 쇠박새처럼
솔방울 씨앗을 빼 먹기도 하고
상모솔새처럼 솔잎 사이에 숨어 있는
톡토기나 진딧물 같은 벌레를
잡아먹기도 해요.

**참새목 | 박새과**

# 곤줄박이 | 텃새

크기는 박새만 해요. 나무 구멍뿐만 아니라 신호등,
전신주 구멍 같은 곳에도 둥지를 만들어요.
땅콩이나 해바라기 씨, 개암 같은 딱딱한 씨앗을
양발로 잡고 부리로 쪼아 먹어요.
특히 때죽나무 씨앗이나 쪽동백 씨앗을
좋아해요. 먹이를 저장했다가 겨울에
먹이가 부족하면 찾아서 먹어요.
겨울에 등산하는 사람들이
땅콩이나 잣을 손바닥에 올려 놓으면
날아와서 가져갈 만큼
용감하고 호기심이 많아요.

뒷산에서 만난 새들

**참새목 | 박새과**

# 쇠박새 | 텃새

박새보다 조금 작아요.
주로 나무에 작게 난 구멍에다
둥지를 만들어요. 번식기에는
벌레들을 잡아서 새끼에게 먹여요.
열매도 잘 먹는데
환삼덩굴 씨앗을 무척 좋아해요.
먹이를 저장하는 습성이 있어서
작은 부리에 서너 개씩 씨앗을 물고
숨기러 날아가요.

뒷산에서 만난 새들

**참새목 | 박새과**

# 박새 | 텃새

우리 나라 어디서나 쉽게 볼 수 있는 대표적인 텃새예요.
머리는 검고 멱에서 배까지 검은 줄무늬가 이어져 있어서
넥타이를 맨 것처럼 보여요.
나무 구멍이나 전신주 구멍 같은 곳에 둥지를 만들어요.
번식기에는 주로 벌레들을 새끼들에게 먹여요.
열매보다 견과류를 더 좋아해요.
겨울에도 땅속이나 낙엽을
뒤져 벌레들을 찾아 먹어요.

**참새목 | 직박구리과**

# 직박구리 | 텃새

'쭈이잇 쭈이잇' 하는 시끄러운 소리를 내요.
나뭇가지 위에다 밥그릇 모양의
둥지를 만들어 번식해요.
새순부터 꿀, 꽃, 벌레, 열매까지
안 먹는 게 없을 정도로
모든 걸 다 잘 먹는 먹보예요.
가을에 보라색 작살나무 열매를
먹기 위해 정지비행을 하기도 해요.
새순이나 작은 열매를
휙 던져 받아 먹는 걸 좋아해요.

**참새목 | 솔새과**

# 노랑눈썹솔새 | 나그네새

봄가을 이동 시기에 뒷산에서 쉽게 볼 수 있는데,
뒷산에 찾아오는 솔새과 새들 가운데
크기가 작은 편이에요.
날개덮깃에 흰 줄무늬가 두 줄 있어서
다른 솔새과 새들과 구분할 수 있어요.
주로 높은 나뭇가지 사이로 빠르게 움직이며
벌레들을 잡아먹어요.
2012년 9월에 흑산도 철새연구센터에서 잡힌
노랑눈썹솔새가 중국 헤이룽장성에서
전남 흑산도까지 1,550킬로미터를
날아온 것으로 확인되어
화제가 되기도 했어요.

**참새목 | 솔새과**

# 산솔새 | 여름 철새

봄에 뒷산을 찾아와서
'춥 추비 지이' 하고 노래해요.
숲 바닥의 나무뿌리 가까이에다
풀이나 이끼로 둥지를 만들어요.
주로 나뭇잎 사이에 숨어 있는
날벌레나 애벌레를 잡아 새끼에게 먹여요.
우리 나라를 찾는 벙어리뻐꾸기가 산솔새 둥지에
탁란하는 것으로 알려져 있어요.

뒷산에서 만난 새들

**참새목 | 붉은머리오목눈이과**

# 뱁새(붉은머리오목눈이) | 텃새

'비빅 비빅 비비비빅' 소란스러운 소리를
내며 무리 지어 다녀요.
덤불이나 관목 안쪽에 나무껍질이나
풀을 엮어 밥그릇 모양의 둥지를 만들어요.
번식기에는 주로 벌레들을 잡아 새끼에게
먹이고 벌레들이 사라지는 가을부터는
풀씨나 곡물을 먹어요.
몽톡한 부리로 갈대 같은 풀 줄기를 뜯어내고
풀에 숨어 있는 애벌레를 잡아먹기도 해요.
우리 나라를 찾는 뻐꾸기과 새들이 가장 많이
탁란하는 숙주새예요.

**참새목 | 동박새과**

# 한국동박새 | 나그네새

봄가을에 우리 나라를 잠시 들러 가는
보기 드문 나그네새예요.
동박새와 닮았지만 옆구리에
짙은 갈색 무늬로 구별할 수 있어요.
지난가을에 감을 먹으러 뒷산에 들른
한국동박새를 우연히
만날 수 있었어요.

**참새목 | 동박새과**

# 동박새 | 텃새, 나그네새

남부 지방에서 흔히 볼 수 있는 텃새지만
중부 지방 뒷산에서는 잘 볼 수 없어요.
가끔 봄가을 이동 시기에
뒷산을 들르기도 해요.
기후 변화 때문인지 요사이에는
중부 지방에서도 번식이 관찰되었다고 해요.
겨울에 꽃피우는 동백꽃에서 꿀을 얻고
꽃가루를 묻혀 수분을 도와줘요.
초록색 깃털에 흰색 눈테가 있어
쉽게 알아볼 수 있어요.

참새목 | 상모솔새과

## 상모솔새 | 겨울 철새

뒷산에서 볼 수 있는 새들 가운데 가장 작아요.
눈가에 검은 털이 있어서 눈이 더 크게 보여요.
정수리에 노란 깃털이 있는데
수컷은 더 진한 귤색 깃털이 섞여 있어서
암수를 구별할 수 있어요.
주로 소나무 잎 사이에 있는 톡토기나
진딧물 같은 벌레와 거미류를 잡아먹는데,
가끔 돌돌 말린 가랑잎 속에
숨어 있는 벌레들을 찾아 먹기도 해요.

뒷산에서 만난 새들

참새목 | 굴뚝새과

## 굴뚝새 | 텃새

거무튀튀한 깃털 색 때문에 굴뚝새라는 이름이 붙었어요.
통통한 몸에 견주어 다리가 길어요.
'쫏쫏 쫏쫏쫏' 하는 소리를 내며 계곡이나
숲 바닥을 걸어 다녀요.
꼬리를 바짝 치켜들고 이리저리
살피는 모습이 참 귀여워요.
나무뿌리나 골짜기 돌 틈에
이끼로 둥지를 만들어요.
얇고 긴 부리는 돌이나 나무 틈새,
낙엽 사이에 있는 벌레를 잡아먹기에 좋아요.

**참새목 | 동고비과**

# 동고비 | 텃새

남부 지방에서 볼 수 있는 동박새와 달리
주로 중부 지방 위쪽에서 볼 수 있어요.
나무를 거꾸로 내려오며 먹이를 찾아요.
딱다구리가 뚫어 놓은 나무 구멍을 골라
진흙으로 입구를 좁혀 둥지로 써요.
암컷은 둥지를 만들고
수컷은 천적이 오는지 감시해요.
번식기에는 주로 벌레를 잡아 새끼에게
먹이지만 가을에는 열매나 씨앗을 먹어요.
나무 틈에 먹이를 끼워 놓고 부리로 쪼아
먹기도 하고 먹이를 저장하기도 해요.

**참새목 | 나무발발이과**

# 나무발발이 | 겨울 철새

깃털이 나무껍질 모습과 비슷해서 나무줄기에
가만히 붙어 있으면 잘 보이지 않아요.
긴 발톱과 단단한 꼬리깃으로 지탱하며
나무를 잡고 빙빙 돌며 나무를 오르는 게
딱다구리들과 비슷해요.
딱다구리들처럼 나무에 구멍을 내지는 못하지만
얇고 긴 부리로 깊은 나무 틈에 숨어 있는
먹이를 찾을 수 있어요.
뒷산에서는 주로 나무 틈에서 거미류를 잡아먹어요.

**참새목 | 지빠귀과**

## 흰눈썹지빠귀 | 나그네새

보기 드문 나그네새예요.
수컷은 진한 잿빛 깃털로 덮여 있고
눈썹만 하얗게 보여서 쉽게 암수를 구별할 수 있어요.
말채나무 열매를 좋아해서 가을에 열매가
잘 익은 말채나무 가까이서 기다리면
만날 확률이 높아요.
뒷산에서는 봄에 숲 바닥에서
벌레들을 잡아먹는
모습을 관찰했어요.

뒷산에서 만난 새들

**참새목 | 지빠귀과**

## 호랑지빠귀 | 여름 철새

뒷산을 찾는 지빠귀과 새들 가운데 가장 커요.
깃털이 얼룩덜룩해서
그늘진 숲에 있으면 잘 보이지 않아요.
밤이나 새벽에 '휘이- 호-' 하고 휘파람 소리를 내며
노래해서 귀신새라는 별명이 있어요.
이끼와 나뭇가지를 물어다 그리 높지 않은 나무에
밥그릇 모양 둥지를 만들어요.
새끼들에게는 주로 지렁이를 먹여요.
여러 방법을 써서 지렁이를 잡아요.

**참새목 | 지빠귀과**

## 되지빠귀 | 여름 철새

호랑지빠귀처럼 나무에다
이끼와 나뭇가지로 둥지를 만들고
지렁이와 벌레들을
잡아서 새끼들에게 먹이지요.
열매도 좋아해서 가을에 떠나지 않고
뒷산에서 겨울을 나기도 해요.
층층나무 열매나 팥배나무 열매처럼
물기가 많은 열매를 좋아해요.
번식기에는 삐죽 튀어나온 나뭇가지에 앉아
짝을 찾는 노래를 해요.

**참새목 | 지빠귀과**

## 흰배지빠귀 | 여름 철새

되지빠귀와 습성이 매우 비슷해요.
뒷산에서 겨울날 때는 개똥지빠귀나
노랑지빠귀와 어울려 숲 바닥을 뒤져
먹이를 찾아요.

**참새목 | 지빠귀과**

# 노랑지빠귀 | 겨울 철새

가을에 뒷산에 찾아와 봄까지 머무는
겨울 철새예요.
크기는 오색딱다구리만 하고 주로 숲 바닥에서
가랑잎들을 부리로 뒤지며 먹이를 찾아요.
떨어진 열매를 찾다가 겨울잠 자는
벌레들을 발견하면 냉큼 먹어요.
예전엔 개똥지빠귀의 아종으로 분류했었는데
얼마 전부터 서로 다른 종으로 분류하기도 해요.

뒷산에서 만난 새들

**참새목 | 지빠귀과**

# 개똥지빠귀 | 겨울 철새

노랑지빠귀와 함께 무리 지어 찾아오는
겨울 철새예요.
노랑지빠귀 암컷과 생김새도 비슷하고
행동하는 것도 무척 닮았어요.
팥배나무 열매를 아주 좋아해서
팥배나무 열매가 많이 열린 곳 가까이
머물러요. 사람이 지나면 조심조심 걸어가는데도
화들짝 놀라 날아오르곤 해요.

**참새목 | 솔딱새과**

# 솔딱새 | 나그네새

봄가을 이동하는 시기에 주로 볼 수 있어요.
나뭇가지에 앉아 있다가 휙 날아서
날벌레를 잡아와 먹어요.
층층나무 열매를 아주 좋아해요.
동그란 열매를 통째로 삼키고
씨는 도로 뱉어 내요.

**참새목 | 솔딱새과**

# 큰유리새 | 여름 철새

뒷산을 찾아오는 대표적인 여름 철새예요.
어른새 수컷은 머리부터 날개까지 위쪽이 모두
짙은 파란색이고 어른 깃털을 갖지 못한 수컷은 날개에만
파란 깃털이 나 있어요. 보통은 물이 흐르는
골짜기 돌 틈에 이끼로 둥지를 만들어요.
뒷산 골짜기에 물이 많지 않아서
큰유리새가 더 이상 오지 않으면
어떡하나 걱정이 많아요.
그래도 아직까지는 봄에 찾아와
짝짓기하고 둥지를 만들며, 새끼를 낳아 길러요.
나뭇가지에 앉아 있다가
휙 날아서 날벌레를 잡아요.

뒷산에서 만난 새들

참새목 | 솔딱새과

# 울새 | 나그네새

가슴에 비늘무늬가 있고
분홍빛 긴 다리를 가지고 있어요.
덤불이나 관목으로 가려진
어두운 숲 바닥을 걸어 다녀요.
봄에는 '쪼르르르르르'
아름다운 소리로 노래하는데
가을에는 소리를 내지 않아요.
어두운 곳에서 잘 나오지 않기 때문에
소리만 들리고 모습을 볼 수 없는 경우가 많아요.
가끔 먹이에 정신이 팔려 숲 언저리까지 나와서는
사람 가까이 다가오기도 해요.

뒷산에서 만난 새들

참새목 | 솔딱새과

# 유리딱새 | 나그네새

큰유리새나 쇠유리새처럼
파란 깃털을 가진 새들에겐
'유리'라는 단어가 이름에 들어가요.
유리딱새도 수컷의 깃털이 파란색이에요.
덤불이나 관목에 앉아 있다가
바닥에 먹이가 보이면 훌쩍 내려가
먹이를 잡아요. 작살나무나 화살나무에서 열리는
작은 열매들을 통째로 먹어요.
가끔 겨우내 뒷산에 머물기도 해요.

**참새목 | 솔딱새과**

# 흰눈썹황금새 | 여름 철새

수컷은 몸 위쪽이 검은 깃털이고,
눈썹과 날개에 흰색 무늬가 있어요.
멱부터 배까지는 레몬을 닮은 노란 깃털이 나 있지요.
암컷은 탁한 녹회색이고
허리에만 노란 깃털이 나 있어요.
나무 구멍에 둥지를 만들거나,
인공 둥지에서 번식해요.
주로 나뭇잎에 붙어 있는 벌레들이나
하늘을 날아다니는 날벌레를 잡아
새끼들을 키워요.

수컷

암컷

**참새목 | 솔딱새과**

# 노랑딱새 | 나그네새

수컷의 머리와 몸 위쪽은 검은색이고,
암컷의 머리와 몸 위쪽은 황갈색이에요.
완전한 어른 깃털을 가지려면
세 해쯤 걸려서
암수 구별을 신중하게 해야 해요.
번식기에는 주로 벌레들을 잡아먹는데
열매도 잘 먹어요. 산초나무를 무척 좋아해서
산초나무 열매가 익는 가을에 나무 주변에서
기다리면 만날 확률이 높아요.
뒷산에서는 노린재나무 열매와
담쟁이덩굴 열매를 먹기 위해 오래 머물기도 해요.
휙 날아서 열매를 딴 다음,
다시 나뭇가지로 돌아와 꿀꺽 삼켜요.

**참새목 | 솔딱새과**

# 딱새 | 텃새

'찡 찡' 하고 지저귀며 꼬리깃을
까딱까딱 움직여요.
가끔 날개깃을 부딪혀 '타닥 타닥' 하는
소리를 낼 때도 있어요.
사람이 사는 곳 가까이에 둥지를 만들어요.
빈 우체통이나 멈춰 있는 자동차 엔진 속,
보일러 연통 안, 심지어 신발장 속 신발 안에
둥지를 틀기도 해요.
번식기에는 주로 벌레들을 잡아 새끼들을 키우고
가을에는 열매를 잘 먹어요.
열매를 통째로 먹고 씨앗을 뱉어 내요.

뒷산에서 만난 새들

**참새목 | 참새과**

# 참새 | 텃새

농사짓는 들판이나 사람들이 사는 둘레에서
가장 쉽게 만날 수 있는 새예요.
뒷산에서 무리 지어 다니는 모습을 잘 볼 수 있어요.
번식기에는 주로 벌레를 잡아 새끼를 키워요.
지붕 틈이나 건물 틈새에 둥지를 만들어요.
모래나 흙을 파고 목욕해요.

**참새목 | 되새과**

# 밀화부리 | 나그네새, 여름 철새, 겨울 철새

까만 머리와 두툼한 부리를 가지고 있어요.
봄에 짝을 찾으려고 부르는 노랫소리가
아주 아름다워요.
느릅나무나 자작나뭇과 열매의 씨앗을 좋아해요.
혀로 씨앗을 돌리면서 날카로운
부리 옆쪽으로 껍질을 까서 먹어요.

**참새목 | 되새과**

# 검은머리방울새 | 겨울 철새

검은머리방울새는 암수 모두
탁한 노란 깃털을 가지고 있는데,
수컷은 머리에 까만 깃털이
있어서 암컷과 구별할 수 있어요.
뾰족한 부리로 물오리나무 씨앗을
쏙 빼서 먹어요.
다른 되새과 새들처럼 씨앗을 혀로 돌려 가며
부리 옆쪽으로 껍질을 벗겨 내고 먹어요.

**참새목 | 되새과**

# 홍방울새 | 겨울 철새

아주 보기 힘든 되새과 새예요.
검은머리방울새와 모습은 비슷하지만
색이 하얗고 머리에 빨간 깃털이 있는 게
크게 다른 점이에요.
아주 추운 날, 검은머리방울새 무리 속에
섞여 물오리나무 씨앗을 먹고 있는
홍방울새를 만났어요.

뒷산에서 만난 새들

**참새목 | 멧새과**

# 흰배멧새 | 나그네새

노랑턱멧새와 닮았지만
이름처럼 배가 하얀색이에요.
숲 바닥을 걸어 다니며 먹이를 찾아요.
가을에 뒷산을 찾아오면
주로 풀씨를 먹어요.
긴 까락이 달려 있는
볏과 식물 씨앗의
껍질도 잘 까서 먹어요.

**참새목 | 멧새과**

# 노랑턱멧새 | 텃새

평소에는 '츕 츕' 하는 짧은 소리를 내다가
봄에는 수컷이 아름다운 가락으로 노래하기도 해요.
번식할 때가 되면 산속으로 들어가서
풀숲 바닥에 밥그릇 모양의 둥지를 만들어요.
번식기에는 뒷산에서 잘 볼 수 없어요.
새끼들에게는 벌레를 잡아서 먹여요.
가을이 되면 서서히 모습이 보이기 시작해요.
주로 풀씨를 먹으며 겨울을 나요.
들깨를 좋아하는데 부리 옆쪽으로
들깨 껍질을 까서 먹어요.

## 새 이름 가나다로 찾아보기

### 가
개똥지빠귀 32, 117, 178
검은머리방울새 27~31, 183
곤줄박이 50, 61, 113, 126~127, 169
굴뚝새 147, 174
굴뚝새과 174
까마귀과 167~168
까치 31, 94, 102, 146, 160, 168
꾀꼬리 51, 54~55, 83, 166
꾀꼬리과 166

### 나
나무발발이 15, 152, 175
나무발발이과 175
노랑눈썹솔새 87, 171
노랑딱새 98~101, 181
노랑지빠귀 32, 147, 158, 178
노랑턱멧새 140~143, 159, 185

### 다
동고비 12~13, 66, 95, 129, 153, 157, 175
동고비과 175
동박새 24, 104~105, 173
동박새과 173
되새과 15, 183~184
되지빠귀 32, 81, 115, 177
딱다구리과 15, 164~165
딱새 12, 51, 110, 182
때까치 15

### 마
매과 166
멧비둘기 12, 92, 162
멧새과 184~185
물까치 92, 106, 109, 116, 167
밀화부리 25, 183

### 바
박새 29, 50, 87, 107, 128, 148~149, 156, 170
박새과 169~170
뱁새 13, 22, 29, 134~139, 172
붉은가슴도요 14
붉은머리오목눈이 134, 172
붉은머리오목눈이과 172
붉은배지빠귀 32
비둘기과 162

### 사
산솔새 50, 55, 172
상모솔새 152, 174
상모솔새과 174
새매 31, 162

### 새
새호리기 67~69, 71~73, 78, 166
솔딱새 82, 179
솔딱새과 179~182
솔새과 171~172
솔부엉이 11, 64, 163
솔잣새 15
쇠딱다구리 38~39, 83, 152, 164
쇠박새 23, 29, 58~59, 87, 116, 120~123, 128, 157~158, 170
수리과 162

### 아
어치 11, 15, 49, 76, 95, 130~133, 154~155, 167
오목눈이 10, 12~13, 50
오색딱다구리 11, 40~41, 60, 77~79, 104, 156, 165
올빼미과 163
유리딱새 108, 180

### 자
제비 12
지빠귀과 176~178
직박구리 19~22, 57, 65, 82~83, 111~112, 115, 117, 159, 171
직박구리과 171
진박새 157, 169

### 차
참새 48, 60~61, 71, 86, 103, 182
참새과 182
청딱다구리 41~44, 83, 94, 103, 158, 165

### 카
콩새 15
큰부리까마귀 93, 116, 168
큰오색딱다구리 15, 94, 164
큰유리새 99, 179

### 파
파랑새 12, 67~68, 70, 73, 163
파랑새과 163

### 하
한국동박새 105, 173
호랑지빠귀 32~37, 176
홍방울새 30, 184
흰눈썹붉은배지빠귀 32
흰눈썹지빠귀 32, 176
흰눈썹황금새 82, 181
흰배멧새 140, 184
흰배지빠귀 32, 117, 177

## 가

각다귀 41
감나무 102~105
강아지풀 138~139, 145
개암 74~79
개암나무 74, 78
거미 152
고마로브집게벌레 44, 52, 150
고욤 106~107, 164, 167
고욤나무 22~23, 106

## 나

나방 41, 45, 61, 64, 151, 153, 163
노랑쐐기나방 154~155
노린재 40, 55, 91, 97
노린재나무 96~99, 181
노박덩굴 110

## 다

닭의장풀 143, 145
담쟁이덩굴 100~101, 181
대륙게거미 52, 91, 147
도토리 130~133, 167
동백꽃 24, 173
들깨 141, 185
딱정벌레 40, 64, 147, 163~166
때죽나무 126~127, 169

## 라

리기다소나무 45, 127

## 마

마 137
마가목 111
말매미 63
매미 62~67, 70
무시바노린재 45
물오리나무 26, 28~30, 73, 164, 183
미국선녀벌레 84~87, 99
미국자리공 90~92, 162

## 바

바랭이 140~141, 145
반달누에나방 51
백목련 20
보리수나무 22, 111

## 사

사방오리나무 26~28
산딸나무 112
산벚나무 19
산수유나무 109

상수리나무 51, 54, 130
생강나무 21, 74, 113
서양등골나물 137, 142, 145
소나무 29, 128
쇠무릎 136, 143, 145
수액 156~157, 165

## 아

아까시나무 40, 44, 58~59, 78~79, 137
애매미 63
에사키뿔노린재 60, 84
왕벚꽃 25
우리가시허리노린재 52, 91, 150
유지매미 63
으름밤나방 56
일본목련 93~95

## 자

잣 129, 169
제비나비 72
주름조개풀 136, 143, 145
주목 113
지렁이 34~37, 176~177
진달래 20, 74

## 차

참나무 77, 130~131
참매미 63
층층나무 80~87, 164, 177, 179

## 타

털매미 63, 66

## 파

팥배나무 114~117, 167, 177~178
풍뎅이 70

## 하

해바라기 128, 169
화살나무 108, 180
환삼덩굴 118~123, 170
흰눈까마귀밤나방 56

## 이우만 글 그림

1973년, 인천에서 태어났습니다. 자연이 잘 보존되어 있는 비무장지대 안에서 군대 생활을 했는데도 그 흔한 박새조차 본 기억이 없을 만큼 자연에 관심이 없었습니다. 2003년, 우연한 기회에 《바보 이반의 산 이야기》라는 생태 에세이 책에 그림을 그리게 되면서 자연의 소중함을 뒤늦게 깨닫고 그때부터 그림으로 우리와 함께 살아가는 생명체들을 기록하고 소개하는 일을 하고 있습니다. 지금은 새를 관찰하고 기록하는 일에 푹 빠져서 시간 날 때마다 뒷산을 오를 뿐만 아니라, 봄이면 먼 섬까지 다녀오기도 합니다.
그린 책으로 《내가 좋아하는 동물원》《내가 좋아하는 야생동물》《세밀화로 그린 보리 어린이 새 도감》들이 있고, 쓰고 그린 책으로 《창릉천에서 물총새를 만났어요》《뒷산의 새 이야기》《청딱따구리의 선물》들이 있습니다.

## 최순규 감수

강원대학교에서 조류 생태학으로 박사 학위를 받았고 멸종 위기 동물의 서식 실태와 생태, 그리고 개발에 따른 야생 동물 보전과 관리 방안에 대해 연구하고 있습니다.
쓴 책으로 《화살표 새 도감》《새, 풍경이 되다》《나의 첫 생태도감 동물편》《형태로 찾아보는 우리 새 도감》《딩동~ 새 도감》들이 있습니다.

---

개똥이네 책방 40
## 새들의 밥상
뒷산 새 먹이 관찰 도감

2019년 9월 25일 1판 1쇄 펴냄 | 2025년 5월 20일 1판 8쇄 펴냄

**글 그림** 이우만
**감수** 최순규
**편집** 김누리, 김로미, 김성재, 박세미, 이경희, 조성우
**디자인** 오혜진
**제작** 심준엽
**영업마케팅** 심규완, 양병희, 윤민영 | **영업마케팅** 안명선 | **새사업부** 조서연
**경영지원실** 차수민
**인쇄** (주)로얄프로세스 | **제본** 과성제책
**펴낸이** 유문숙 | **펴낸 곳** (주)도서출판 보리
**출판 등록** 1991년 8월 6일 제9-279호
**주소** (10881) 경기도 파주시 직지길 492
**전화** (031) 955-3535 | **전송** (031) 950-9501 | **누리집** www.boribook.com | **전자우편** bori@boribook.com

© 이우만, 2019

이 책의 내용을 쓰고자 할 때는, 저작권자와 출판사의 허락을 받아야 합니다. 잘못된 책은 바꾸어 드립니다.
값 25,000원

보리는 나무 한 그루를 베어 낼 가치가 있는지 생각하며 책을 만듭니다.

ISBN 979-11-6314-083-2 76490

이 도서의 국립중앙도서관 출판예정도서목록(CIP)은 서지정보유통지원시스템 홈페이지(http://seoji.nl.go.kr)와 국가자료종합목록시스템(http://www.nl.go.kr/kolisnet)에서 이용하실 수 있습니다. (CIP제어번호 : CIP2019033213)

---

제품명 : 도서  제조자명 : (주)도서출판 보리  주소 : (10881) 경기도 파주시 직지길 492  전화번호 : (031) 955-3535
제조년월 : 2025년 5월  제조국 : 대한민국  사용연령 : 10세 이상  주의사항 : 책의 모서리가 날카로우니 다치지 않게 주의하세요.
KC 마크는 이 제품이 공통안전기준에 적합하였음을 의미합니다.